光の源の大計画 Part4

知球暦 光五年

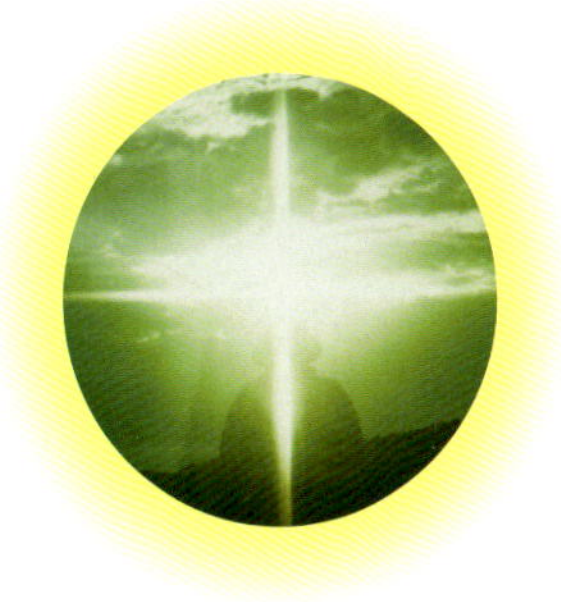

地球人類は光命体になる

知抄

たま出版

'98 11 22

'98 11 22

'98 11 22

'98 11 22

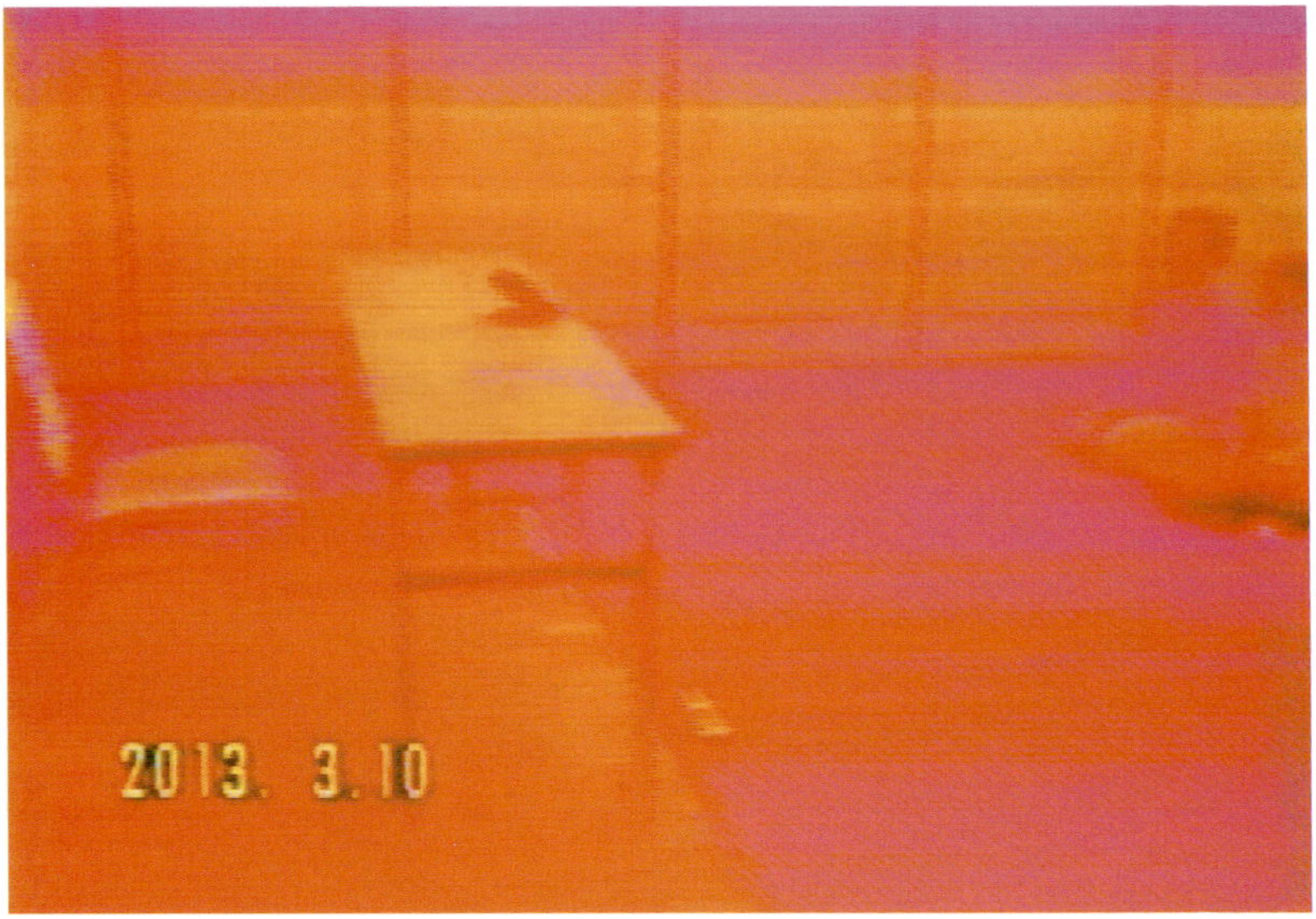
2013. 3.10

2013. 7.14

2013. 7.14

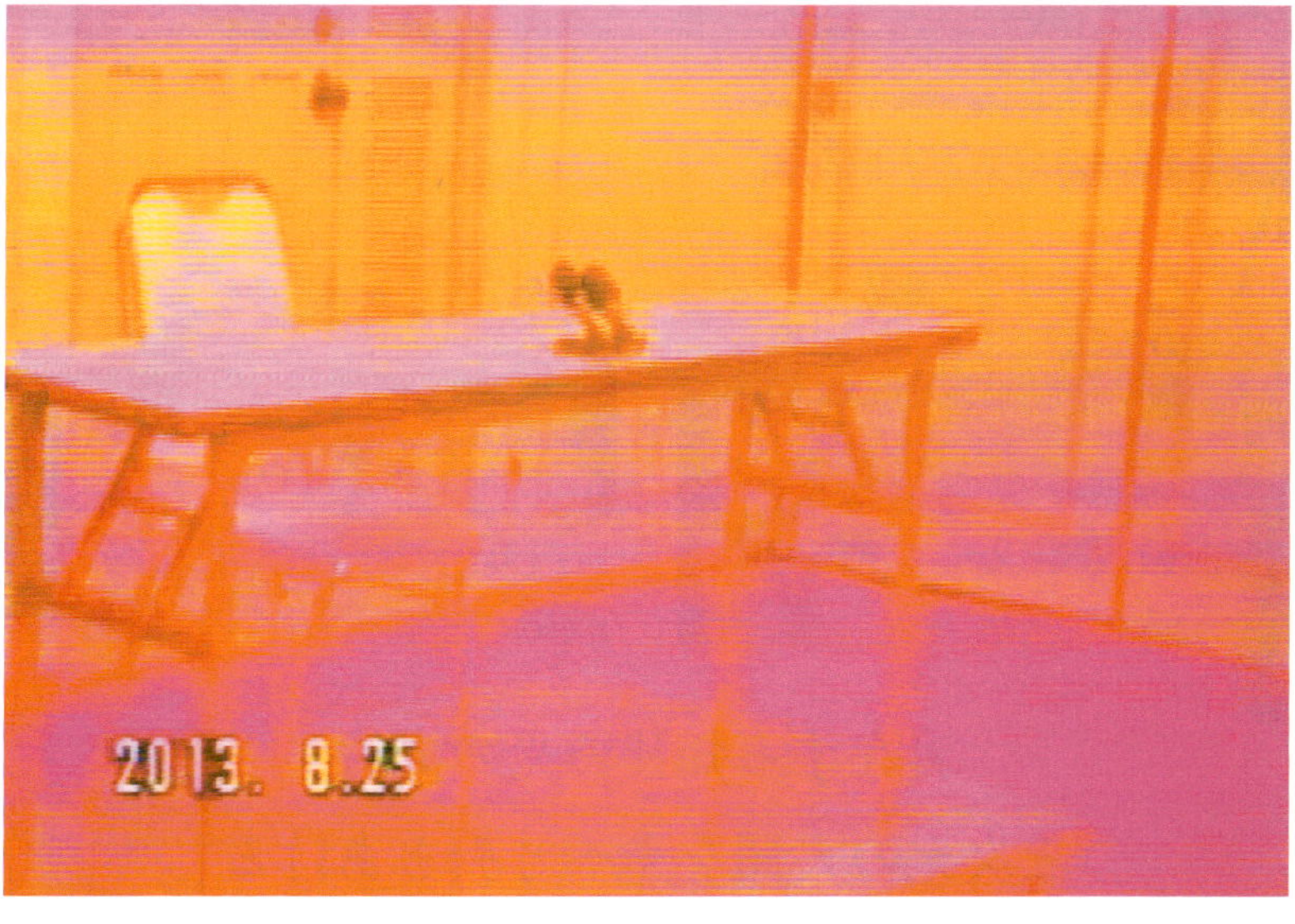
2013. 8.25

実在する知抄の光の威力

三次元の人間を光へと引きあげる

光の源の大計画 Part4

知球暦 光五年

地球人類は光命体になる

知抄の光からのメッセージ

漆黒の闇の中　一点の光あり
その光　今　地球の核として
地上に燦然《さんぜん》と輝き
光と化した　地球を照らす
かつて地上に降下されしことのない
何人たりとも　侵《おか》すことの出来ぬ
偉大なる光
万物の根源　光の源　直系のご使者
救い主　知抄　今　地上に在《あ》り

光の子等よ　いまこそ
地球を救い　人類を救う　光の吾等と共に
光人として　確立し
至純　至高なる　偉大なる　知抄の光を
注ぎ　知らしめ　根付かせよ
人間でありながら光命体に成りしこと確と受けとめ
真の自由と　真の平等と　真の平和を実現し
喜びと　賛美と　感謝の中に　永久《とこしえ》に　在りしこと
確と　吾等　共に歩まん

二〇一四年　七月　十一日

はじめの言葉《ことは》

嬉《うれ》しくて、楽しくて、幼子のように心弾《はず》ませ、幸せコースを、まっしぐらに、突っ走っている私は、八十二歳となりました。年齢も性別も超えて、物質的な、三次元の肉体すらも超越《ちょうえつ》し、喜びと、賛美と、感謝に満ちる、光と化した地球に同化し、適応出来る幸せを、かみしめています。おまけに、「今、皆さんの手やお顔に、金粉が出ていますか。」と、申し上げながら、じっと、私の両手を見るのです。キラリ―、金粉がお出ましになるのです。こんなお役目を、私は、セミナーやお教室で、担《にな》わせて頂いています。

私のこの二十余年、気で悟る〈気功瞑想法〉の、智超法気功《ちちょうほうきこう》教室をふり出しに、とうとう、〈光命体《こうめいたい》〉という、人間が、〈光そのもの〉に成る体験を、光人《ヒカリビト》として、するに到りました。

奇蹟の連続の中を、お導き頂けたことは、感謝という、言葉をも超えた、尊い学びでした。

〈魂の光輝《こうき》〉を求めていた私が、光の地球に、同化出来たのは、本性の光が、自由に解放されたからでしょう。

今、地球は、光と化しています。それ故、今迄どおりの、三次元の人間そのままでは、一歩も前へ進むことが、出来なくなっているのです。それ故、地球全土に、混乱が生じているのです。

特に、子供達を育《はぐく》む大人が、光の地球で、溺《おぼ》れていてはどうしようもありません。

本にして　本に非《あら》ず

知抄の光に出会って以来、本を手にする度に、金粉の恩恵と、学びのお宝を、頂戴《ちょうだい》致しております。

二十一世紀、これからの地球を担《にな》う皆様方の、大いなる人間進化を、期待しています。

多くの皆様のご協力、そして、たま出版の皆様へ、感謝、御礼申し上げます。

二〇一四年　八月　二十五日

光人（ヒカリビト）記

☆ メッセージ ☆

大きな河☆を
人類は　渡らねばならぬ
それは
魂に内在する　光に気付き
その光を　実在として
共に　歩む者
真に求めし者　だけが
渡れる河☆　である

一九九八年　十二月　十日　受託

☆ 光の河のことです。

目次

―光の源の大計画Part4
知球暦　光五年
地球人類は光命体になる

光の写真
知抄の光からのメッセージ
はじめの言葉《ことは》／4
☆メッセージ☆

第一部　光と化した地球
知らないでは　もはや過ごせない／27

① 実在する光からの
メッセージ

② 実在する光からの
メッセージ

③ 知抄の光と共に歩む
☆体験発表(1) 二〇一四年四月二十九日
光の地球に同化しよう セミナーにて

④ 二人で歩む光の道
☆体験発表(2) 二〇一四年四月二十九日
光の地球に同化しよう セミナーにて

⑤ 試練を宝として歩む

☆体験発表(3) 二〇一四年四月二十九日

光の地球に同化しよう セミナーにて

⑥ 病を克服するには

☆体験発表(4) 二〇一四年四月二十九日

光の地球に同化しよう セミナーにて

第二部　光の地球に
同化した証《あかし》／87

(1)
知抄の光に出会えて　幸せです
二〇一四年　四月　二十九日

(2)
体験のお話に　感動しました
二〇一四年　四月　二十九日

(3)
私は　小学三年生になりました
二〇一四年　四月　二十九日

(4)

私も〈光の華〉を咲かせます

二〇一四年 四月 二十九日

(5)

加齢を乗り越え　実行実践します

二〇一四年 四月 二十九日

(6)

光の地球で〈溺《おぼ》れ〉続けていました

二〇一四年 四月 二十九日

(7)

知抄の光を

証《あかし》する　凄《すご》いビデオ

二〇一四年 四月 二十九日

(8)

知抄の光の　凄い威力《いりょく》に見入っておりました

二〇一四年　四月　三十日

(9)

もはや　理論も　理屈も　通用しない!!

二〇一四年　四月　三十日

(10)

セミナー　本当に　物凄《ものすご》かったです

二〇一四年　四月　三十日

(11)

真実の光に　感謝　感謝　感謝です

二〇一四年　四月　三十日

(12)

笑い続けるという　状態でした

二〇一四年　四月　三十日

(13)

真実の光である　確信を　深めました

二〇一四年　四月　三十日

(14)

舞台で　浮上してしまいました

二〇一四年　四月　三十日

(15)

光へ　行きつ　戻りつの　体得しかない!!

二〇一四年　四月　三十日

(16)

こんな別世界を　見せて頂けるなんて!!

二〇一四年　四月　三十日

(17)

異次元に居ることを　実感しました

二〇一四年　四月　三十日

(18)

光に　全てを委《ゆだ》ねれば　光になれる

二〇一四年　四月　三十日

(19)

地球が　光と化している　事実に確信!!

二〇一四年　四月　三十日

(20)

爽やかな　やるぞーの思いが　今も……

二〇一四年　四月　三十日

(21)

両手に　金粉が　出ていました

二〇一四年　四月　三十日

(22)

次元が　変わったことを　認識出来ました

二〇一四年　四月　三十日

(23)

光を求める　熱き思いに　はっとさせられる

二〇一四年　五月　一日

(24)

光の宴《うたげ》は〈十字の光　吾等《われら》〉と共に

二〇一四年　五月　一日

(25)

光と化した地球に　やっと　気付く

二〇一四年　五月　一日

(26)

再スタートの　起点になりました

二〇一四年　五月　二日

(27)

私　笑いが　止まりませんの……

二〇一四年　五月二十八日

(28)

このお教室に　留まって居たい

二〇一四年　六月　三十日

(29)

スモモを　ありがとうございます

二〇一四年　七月　二　日

(30)

黄金に　輝いている　私の姿を発見

二〇一四年　七月　三　日

第三部　光《こう》命《めい》体《たい》への昇《しょう》華《か》／157

◇1◇

救い主　知抄のご意思を　顕《けん》現《げん》する

二〇一四年　五月　十　日

◇2◇

光の地球で　溺《おぼ》れている感覚が　鮮明に!!

二〇一四年　五月　十　日

◇3◇

智《ち》超《ちょう》法《ほう》気《き》功《こう》教室で　生命《いのち》の光を　頂く

二〇一四年　五月　十四日

◇4◇

自ら輝く

☆体験発表(1)二〇一四年七月十三日
〈光生命体に成る〉セミナーにて

◇5◇

インスピレーションの顕現

☆体験発表(2)二〇一四年七月十三日
〈光生命体に成る〉セミナーにて

◇6◇

光を死守する者は　光によって守られる

☆体験発表(3)二〇一四年七月十三日
〈光生命体に成る〉セミナーにて

7

魂の光と　共に在る　体感

二〇一四年　七月　十三日

8

感謝を〈ありがとう〉――を!!

二〇一四年　七月　十三日

9

実在の光に巡《めぐ》り会え　最高の幸せです

二〇一四年　七月　十三日

10

大闇《おおやみ》を克服《こくふく》した　私への　賜《たまわ》りもの

二〇一四年　七月　十三日

⑪

光が　ドーンと　根付きました

二〇一四年　七月　十三日

⑫

痛《いた》めていた膝《ひざ》が　治《なお》っていました

二〇一四年　七月　十四日

⑬

〈光生命体に成る〉体感

二〇一四年　七月　十四日

⑭

光の河《かわ》を　渡らねばならない!!

二〇一四年　七月　十四日

⑮

秘音《ひついん》　ありがとうございます

二〇一四年　七月　十四日

⑯

何かが　確実に　変わった!!

二〇一四年　七月　十五日

⑰

まるで　浦島太郎のような感じです

二〇一四年　七月　十六日

⑱

〈黒きもの〉を光に変える

二〇一四年　七月　十八日

⑲

込み上げて来る　嬉《うれ》しさの中に　あります

二〇一四年　七月　二十日

⑳

もの凄い金粉に　驚愕《きょうがく》

二〇一四年　七月二十一日

㉑

知抄の光を　求める時　それは今です

二〇一四年　七月二十六日

㉒

智《ち》超《ちょう》法《ほう》秘《ひ》伝《でん》の　威力

二〇一四年　七月二十八日

㉓

実在する光と共に　歩む

二〇一四年　八月　十五日

㉔

人間は　光の地球で溺《おぼ》れている

二〇一四年　八月　十七日

㉕

小学二年生・実在する光と共にある

二〇一四年　八月　二十日

智《ち》超《ちょう》法《ほう》秘《ひ》伝《でん》
幸せを呼ぶ〈数《かず》え宇《う》多《た》〉／236
光の源よりのメッセージ
素晴らしき仲間の詩《うた》／242
あとの言葉《ことは》／244
知抄　光の足蹟《そくせき》／248

第一部

光と化した地球

知らないでは
もはや過ごせない

①

実在する光からのメッセージ

時《とき》まさに

知抄　時《とき》迎えあり

〈はい。ここまで来られましたこと、ありがとうございます。〉

知抄にありし　地球と

☆1999年7月11日　受託

相《あい》成《な》りし今
いよいよ表舞台へと
知抄ましましあり

〈寂《じゃく》静《せい》――――――〉

〈どのような点に、気をつけたら
よろしいのでしょうか。〉

吾等　知抄　通じ
地上に　光の勝利　もたらしあり
物質的　時《とき》
それは　魂　導き手
肉体マント　共に　知抄の光
共に　行くか　否《いな》かに
まさに　地上　変容あり

〈知抄の光を掲《かか》げし者は、地上に生存出来る
ということなのですか。

〈そして、光を求めない者は、肉体がその時、滅びるということなのですか。〉

〈寂　静──────〉

一律ではあらず

〈はい。〉

時とは
一つ　ひとつ　異なり
持ちあり　しもの

〈光の子であっても、先にベールの彼方《かなた》に行って、そこで、ご指導して行かれることも、ありうると、いうことでしょうか。〉

知抄のもとに
学びあれり　光の子

永遠《とわ》なる導き手
知抄の　救い主としの☆
ますます　まばゆさ　気高《けだか》き
全き愛　のみ

〈はい。光の河を渡ると、おっしゃられましたが、地殻変動とか、地震とか、大災による地球の地形自体が、大きく変わって行くという……。〉

☆〈し〉は、受託そのままの言葉

光の河《かわ》以外に　何が　あろうぞや

〈光の河《かわ》とおっしゃられましたのは、今のサロンのような状態に、地上がなった時、光を求めない者は、その本性全てが明白にさらされて、全ての者に判るようになって行くということなのですか。〉

すでに　どんどん
知抄の光　強き　吾等《われら》が意思

地上のものと　相成《あいな》れり

〈はい。光のお方が、地上に、ご降下されて共にある……。〉

いざ　前へ

表舞台へと　行かん

〈はい。これより、一般の方に対して、知らせて良いと……。〉

道は　燦然《さんぜん》と輝き　あり

〈はい。その光の河を渡るという意味が、どうしてもよく判りません。その光の河というのは、次元の違いをおっしゃって、おられたのですか。光へと、人類を引き上げるということを、おっしゃっておられたのですか。〉

知抄と共に
偉大なる 光の源《もと》よりの 計画
確と 前進あり

〈少しずつ、物質的には、変動しながら、このままで、地球の状態が、人間の心が、意識として、平和に向かって行ける段階に入ったと、そのように解釈してよろしいのでしょうか。〉

刻々と　進化に向け
地球　確《しか》と
みずみずしき　活《い》きあり

〈はい。〉

止《とど》まること　あらず
物質的変容も　また
永遠《とわ》に続き　あり

〈知抄が、今迄慎重すぎる、大自然に対する警戒心《けいかいしん》は、そのようなものは、間違いであったのでしょうか。〉

共に　ここまであり

〈これからは、何が起ころうと、すべてを受け止め、共に行けば良い――と。〉

知抄の見る　変動とは　如何《いか》なるものか？

〈大自然の威力……ずっと、思っていました。今もそのように思うています。間違っていたでしょうか。〉

緩《ゆる》やかに　されど確実に

進化の　動きあり

〈これからは、セミナーを開催したり、写真

展を、今迄通り、ゆったりと光を放ち、光を注ぎ、光へと引き上げます。〉

ますます　知抄の　救い主たる　羽ばたき
止《とど》まることなく　目の前にあり

〈知抄は、セミナーも、心のシリーズも、企画を控えて、ずっと人々を見守っておりました。〉

知抄は　何を　望みあるか

〈人間は、一つひとつ体験をしないと、根底から判ることが出来ないと……。光と共に在れば、それすらも……。〉

試練《しれん》の宝　地上にありし者
すべて　持ち　降《お》りあり
されど　その作動の　大小
時は　魂に応じ　異なれり

〈光の河というのは、この前、知抄がヒラメイた、あの日、なのでしょうか。その時に、地球の次元を、一気に光へと、変えて行くということなのでしょうか。〉

知抄自身の　飛躍なり

〈はい。知抄が飛躍したら、人間でおれるのでしょうか。今の状態で、生存出来るのでしょうか。〉

知抄が　どんどん　地球　変えて行く

〈はい。サロンに、これから、光の子以外の一般人を、入れて良いでしょうか。〉

救い主の決断

この威力にて　前へ　行くのみ

〈☆秋吉台…ではありがとうございました。〉

☆ 1999年4月29日　○ 満月の夜の奇蹟

（ 山口県 秋吉台 龍護峰にて ）

知抄の歩み　至極《しごく》　しごく
吾等《われら》が　誇《ほこ》りとし
感謝の　光の源《もと》よりの　喜び
確《しか》と　確《しか》と　降ろしあり

〈はい。自分ではよく判りませんが、随分、低迷していたように思います。帳《とばり》の中の闇を切るのが大変で、本当に世俗にまみれていたように思いました。そして、秋吉台で、

あの時の、太陽と、月の現象は、知抄にとって、何か大きな意味があったのでしょうか。〉

光の源《みなもと》よりの　知抄への
贈り物なり

〈はい。ありがとうございます。今でも、魂に刻まれています。ありがとうございます。

時《とき》が迫っていますが、地球の次元が変わ

り、光と化した日、人類は、このことに気付くのでしょうか。〉

それを　確《しか》と　伝えるが　吾等《われら》が使命

〈それを伝える準備をしなければならない。そして、人間は、光の地球に適応し、人間が光になって、同化しなければならないことに、自らが目覚めること……。〉

一《いっ》足《そく》跳《と》びに　ではなく

知抄の光　掲《かか》げ　道しるべ

根付かせる歩み

〈お導きありがとうございました。〉

一九九九年七月十一日　受託

☆

救い主 知抄の光の、地上への降臨《こうりん》は、

一九九六年 七月 十一日 です。

この三年後に受託した、メッセージのこの内容は、当時、地上では、世紀末の話題が、かしましい時でした。

☆

この日より、サロン・ド・ルミエールは、入室出来なくなりました。そして、知抄の帳《とばり》の中は、すでに、次元 が変わって、〃光そのもの〃でないと、居れなくなりました。

② 実在する光からのメッセージ

一九九九年 七月 十一日 受託

光の
源《もと》より
の
偉大なる
計画
人類の
始まりし
時より
の
恐ろしき
光とは
異なる
もの

ここまで　知抄により
深き所より　あぶり　出《いで》しもの
まさに　これより　吾等が使命
その　根源
断《た》ち切《き》る　歩みぞ

〈はい。その為には、知抄は、どのように
したらよろしいのでしょうか。〉

光の　源《もと》よりの　救い主　知抄
地上より　その　黒きもの
焼き尽《つ》くす
〈はい。その闇の一つひとつを、具体的に、その背後に潜《ひそ》む根源の闇に、光を注ぎ、その現れ出る黒きものを焼き尽くし、知抄の光を浴びせる歩み……。〉

知抄の光にて　闇《やみ》は

幻《まぼろし》は　消え
黒きもの　明白に　現る

〈はい。その黒きものに光を注げば、自然に焼き尽くされて行く……。〉

共に　共に　行かん

〈実行あるのみ……共にあります。ありがとうございました。秋吉台のことですが、あの時、光の子の闇をかぶり、知抄は、大変苦しい時でした。本当に、本当にありがとうございました。〉

光の源《もと》よりの　意思
知抄と　共にあり
〈はい。〉
いざ　行かん
〈はい。ありがとうございます。〉

〈光の子が立ち直ったようです。光の子にお言葉を……。〉

知抄と共に
いざ　前へ　前へ
行くのみ

〈お導きありがとうございました。〉

③　知抄の光と共に歩む

☆体験発表(1)　二〇一四年　四月　二十九日

光の地球に　同化しよう　セミナーにて

今年の三月、長期在籍していた、通信教育課程の大学を、無事に卒業することが出来ました。

十八歳の時、高校卒業認定試験を受け、合格した後、ハワイにある短期大学に入学しました。慣れない環境の中で、身も心もクタクタになり、一学期が終了した時に日本に戻りました。十九歳の時でした。ずっと体調がすぐれず、アトピー性の湿疹《しっしん》が顔に出るようになっていました。それから、縁《えにし》あって二〇〇二年十二月、横浜産経学園、木曜教室に入りました。初めて参加した日、智超《ちちょう》法秘伝《ほうひでん》の幸せを呼ぶ〈数え宇多〉をうたっている時に、涙が止まらなくなりました。知抄の光を浴びて、この出逢いに、喜びが、全身に満ちる程、嬉《うれ》しかったことを今でも覚えています。自らの身心を浄化し、体調を整えようと、三年間実践実行し、アトピー性の湿疹は、綺麗《きれい》になりました。

元気を取り戻し、就職してから、二〇〇六年四月、二十四歳の時に、大学の通信教育課程に入学しました。数年間は、レポートや試験もほとんど取り掛かれず、夏のスクーリングだけ行っていました。仕事との両立も体調的に難しい時もあり、何度も挫折《ざせつ》しそうに弱気になりました。少しずつ少しずつ、トボトボでも前へ歩み続け、今年、八年かかりましたが、こうして卒業出来た事は、私に欠けていた、強さと、勇気を、頂けました。ずっと知抄の光が必ず見守っていて下さる事を信じ、無言の励ましをいつも感じて、共に歩みました。

元々、通信教育課程で学ぼうと思った経緯《いきさつ》を辿《たど》ると、私は高校二年生の時に、高校を中退したからです。数人の友達との交友関係の中で、私は、ずっとずっと、我慢して、我慢して、その心の負担が引き金となり、病気になってしまったからでした。それ以来、人と話をしたり、外に出たりする事が怖くなる、対人恐怖症の状況が続き、微熱《びねつ》が出て、学校に行くことが出来なくなりました。出席日数が足りなくなり、結果的に高校二年で、途中退学せざるを得なかったのです。

〈弱さにヤミは蔓延《はびこ》る〉と、知抄の光からのメッセージにもあります通り、これからは前だけ見て、光だけ見て、強い歩みをと思います。

私は以前に、岩間ホールで病《やまい》についての体験発表をしたことがありました。それは、私が大学へ入った二〇〇六年に開催された、セミナーでした。今回こうして、舞台に再び在るのは、大学を卒業出来た二〇一四年の今日なのです。何か計り知れない実在する知抄の光のお計らいを感じます。

この卒業迄の八年間の道のりは、私にとっては試練の連続でした。挫《くじ》けそうな日々の中で、本当に、光へ引き上げて、引き上げて、頂きました。今こうして、喜び賛美感謝に瞬間、瞬間満たされて、試練を宝として、ほんの少しですが、前進させて頂けたことを、万感の思いを込めて、知抄の光に感謝を捧げます。(K・F)記

④二人で歩む光の道

☆体験発表(2) 二〇一四年 四月 二十九日

光の地球に 同化しようセミナーにて

私は、平成二十四年五月の健康診断で胃癌《いがん》と診断されました。実は十五年前にも胃癌で、胃の五分の四を摘出しております。気をつけていたつもりでしたが、検査結果は、既にステージⅣ３b末期癌に近い状態でした。一昨年の八月三日、七時間余りの大手術の末、奇蹟的に生命をこうして頂いております。約二ヵ月間の入院中、妻は、一日も欠かさず見舞いに来てくれ、幸せを呼ぶ〈数え宇多〉のテープを、無音でかけ続けてくれました。

死をも覚悟した手術でしたが、無事に家族のもとに十月三日、戻ることが出来ました。しばらく安堵《あんど》して過ごしておりましたが、昨年の四月の検査結果で、腹膜内転移が多数見つかりました。癌の再発です。大腸三ヵ所、直腸、肛門、小さいのも入れると無数の可能性があるとのことでした。もはや手術も不可能である――と。

今迄、頑《かたく》なに拒否していた抗癌剤《こうがんざい》が、唯一の生命綱《いのちづな》となりました。腸閉塞《ちょうへいそく》でも起こせば、即、死が待ち受けている状況です。その頃、妻の勧めで、智超法秘伝の〈**数え宇多**〉や〈**気功**〉そして、〈**光呼吸**〉を実践し、知抄先生の御本も読みました。実践してみると、おぼろげながら、ここしか私の生きる道は、もはや残されていないと、感じるようになりました。妻がセミナーに参加し、私に光の話をしてくれる笑顔が、心に響いて来て、二人で何度も涙を流しました。

そんな時、このみらいホールで、四月に開催されるセミナーに、お誘いを受けたのです。本当にタイムリーでした。福岡からこの身体で、たどり着けるかどうか、多くの心配事を沢山《たくさん》抱えたままの参加でした。不思議なことに、無事に場内に座ることが出来たのです。すぐに、穏やかな暖かさに包まれました。残念なことに、私は最初から最後まで、プログラム進行中、ほとんど眠っておりました。

聞き慣れていた、幸せを呼ぶ〈数え宇多〉の声で、目を一瞬だけ覚ましました。全身に何故《なぜ》か大量の汗をかき、目の前は眩《まばゆ》いばかりに輝き、皆様の素敵な笑顔が目に入り、驚きました。そして場内に、金粉が出ていることを、この目で見たいと思いながらも、また、眠りに入りました。このセミナー初参加は、私にとって、不思議な体験の一日となりました。

次の七月と十月のセミナーには、積極的に参加させて頂きました。前回と同様、また全身が暖かさに包まれ、死の恐怖を全く忘れた体験をしました。舞台通路の金粉を、この目で見た時、実在の知抄の光の威力を、本当に、実感することが出来ました。揺《ゆ》るぎもない、知抄の光に、すべてを〈委《ゆだ》ねる〉確信を、頂いたセミナーでした。

（ここからは奥様です。）

十二月二十三日に開催された、〈岩間ホールのセミナー〉は、参加条件のハードルが高く、私達の参加は無理と思いながらも、航空機のチケットを取り、ホテルも予約して、必ず行くと心に決めていました。当日、参加出来た喜びの中、なんと場内の私達二人の椅子の周りにも、大量の金粉を、この目で見つけることが出来たのです。

　翌日は飛び入りで、東京の火曜教室に、参加させて頂きました。今こうして、私達が生かされている意味と、喜びが、沸々《ふつふつ》と湧《わ》いて来ました。

　今、主人と共に、〈光の源の大計画〉Ｐａｒｔ３を読み、そしてＰａｒｔ２、Ｐａｒｔ１と読み直しますと、光の源《みなもと》の、地球人類への深い愛と、その壮大な、人智を超えた、大計画に、涙が溢《あふ》れます。

　私は、まだ子供が小さかった頃、いつもの様に近くの本屋さんで一冊の本を開きました。

それは、一九九〇年に発刊された、智超法秘伝 第一巻 気で悟る〈気功瞑想法《きこうめいそうほう》〉だったと思います。

すぐに、日曜日の横須賀にある〈智超法気功〉教室に、参加致しました。

ある日のことです。お教室で誰かが、指先で私の天目《てんもく》に、触れたのです。それまで私は、知抄先生は、男の方だと思い込んでいたので、スタッフのお方と思い違いしていました。なんと天目に気を入れて下さったのは、知抄先生御本人だったのです。

それから、諸々《もろもろ》の事が重なり、月一回の教室への参加が出来なくなりました。

それから、十一年位過ぎた頃、ふと、大阪セミナーのビデオの所持を思い出し、見たくなりました。特に、セミナー三日目のビデオを何度か見ている内に、また、〈智超法教室〉に通ってみようと思い立ちました。（※現在の名称は、智超教室です。）

すぐに、二〇一二年四月二十九日、みらいホールでのセミナーに、参加することが出来たのです。

〝戻って来られたのですね〞と、数人のスタッフの方より、お声をかけられた時、本当に涙がこぼれる程、嬉しかったです。

次のセミナーにも参加したいと思っていた矢先、主人の病気の再発でした。

落ち込んで、暗い気持ちで大闇《おおやみ》の中にいたところに、二〇一三年四月二十九日のセミナーに、主人が御招待を頂いたのです。

万難《ばんなん》を排《はい》して、主人も「行く」と強い決断をしました。何も考えず、知抄の光にすべてを委《ゆだ》ね、福岡空港を飛び立ちました。

そして、このみらいホールのセミナーに二人で参加出来たのです。

一年前、暗黒の出口も見えない大闇《やみ》の中で溺れていた私達にとって、想像もしていなかった、光の源に永遠《とわ》に続く、大きな、大きな、明るい光への道が、開かれたのです。

今より、一時でも長く、知抄の光を受け止め、〈光そのもの〉になって、前を向いて、光だけ見て、主人と共に、二人三脚で歩んで参ります。

本当に本当にありがとうございました。

（I・M）記

追記
二〇一四年七月十三日、ハードルの高い、岩間ホールのセミナーに、再び、二人で参加出来ました。

⑤ 試練を宝として歩む

☆体験発表(3) 二〇一四年 四月 二十九日

光の地球に 同化しようセミナーにて

喜びと賛美と感謝の中で、はつらつと元気に、こうして過ごせる幸せな日々を、皆さんに振り撒《ま》きたい思いです。

私は、今年で満七十四歳を迎えます。四十九年前、二十五歳の時、五人兄弟の長男である、二十八歳の夫と見合い結婚をしました。

結婚と同時に、夫の両親と弟達三人、そして、もう一人、夫の姉の四歳になる姪が、昼間は一緒に、生活していました。

八人家族の新しい環境の中での生活は、何も判らず、毎日、その都度《つど》、夫の母に、全てご相談し、教えて頂きながら、家事に専念しました。

その当時、夫の父から、「良く働くね」と、お褒《ほ》めの言葉を頂き、驚くと同時に、とても嬉しかったことを、思い起こします。

次男と三男は、サラリーマンになったばかりで、四男は高校生でした。

そして夫の姉の四歳になる姪とは、ピアノのお稽古《けいこ》に通ったり、幼稚園の遠足に、一緒に行ったりしていました。

このような環境の中で、長女が産まれました。そして第二子は、男の子でしたが、生後二か月で病死したのです。悲しくて、苦しくて、日々、もんもんとしておりました。しかし、涙を拭《ふ》いて、悲しみを胸の奥にしまって、何度も明るい方へと必死で、目の前の家事に、そして、その後生まれた次男と、長女の子育てに没頭《ぼっとう》する日々でした。

当時、一番苦しかったことは、私の気持ちを誰にも話せなかったことでした。

こうして、専業主婦で過ごして来た私でしたが、長女が大学院に進学することになり、私も働いて学費を調達することを、思い立ちました。

一九八八年、四十八歳の時でした。幸いなことに、薬剤師の資格が役に立ちました。母校の大学から就職先を紹介して頂き、出遅れましたが、二十一年間、六十九歳まで、社会人として働くことが出来ました。

毎年、お正月になると、一族が我が家に集まるのが恒例《こうれい》です。それは大賑《おおにぎ》わいの、ちょっとした宴会場のようでした。人、人、人、そして食べ物がそれに伴って、全て行き渡らねばなりません。私にとって、それは、活気溢《あふ》れる調理場でのお正月でした。ところが何と、今年は三人の受験生を抱えている為に、顔ぶれが揃《そろ》わず、寂しいものでした。

二月になって、孫が麻布中学に合格しました。そして、高校受験の孫も、学芸大学附属世田谷高校に合格出来ました。続いて、三月十三日、難関中の難関を突破して、遂に、夫の姉の孫が、念願であった、東京芸術大学ピアノ科に合格したのです。本当に嬉しかったです。

歳月の流れは早いもので、結婚当時の四歳の姪の子供が、こうして今、大学へ入れたのでした。

私達の孫二人が、第一志望校に合格出来たのは、胎児《たいじ》の時から、知抄の光を浴びていた恩恵と思います。

そして、芸大に合格出来た、夫の姉の孫は、一九九七年五月に、新都市ホールで開催されたセミナーに、三歳でしたが共に、参加しておりました。〈どうしたら、ピアニストになれますか〉—と、お手紙を、小学生になってから、知抄先生に書き送り、横須賀教室で代読して頂き、コメントを頂いたことがありました。

その後、折々に、お手紙を書き、御指導を知抄先生より頂いて参りました。高校生になってからは、一人で、夜七時からの〈智超法気功〉サマディ金曜教室に参加して、知抄の光を浴び、自らが、〈光そのもの〉に成れるまでに、進化してきたことが、今回の合格につながりました。

特に、ピアノ実技の第二次試験の、ブラームスの曲は、芸大の音楽堂で聴いている人達が、至福感に満たされ、魅了される程の素晴らしい演奏だったと、そして、ブラームスが天界で聴いていたら、さぞや喜んだでしょう。と、御指導して頂いて来たピアノの先生が、おっしゃった程、ブラームスと一体となっての素晴らしい演奏であった、とのことでした。

ここまでの私の小さな日常の歩みを、振り返り見れば、魂の光輝への道しるべである、智超法秘伝を教わる以前も、それ以後も、〈素直な心で〉、気付いたことを一つひとつ、日々、黙々と、実行実践して来たことです。その結果は、明るい気持ちで、いつも過ごせるように成れたことです。いつも、喜びと賛美と感謝の中で生きることは、光の地球に適応し、自然に幸せが満ちて来る日々となりました。

しかし、ニューヨーク写真展開催が決まった一九九四年の秋、物凄《ものすご》い頭痛に見舞われる体験を致しました。夫が、教室から戻った私の様子を見て、救急車を呼び、大学病院に即、入院したのです。検査結果は、どこも異常は見つかりませんでした。三泊四日で退院しました。

知抄先生が病院まで、お見舞いに来て下さったのには、本当に今でも畏《おそ》れ多いことで、慚愧《ざんき》に耐えません。それは、〈真我覚醒《しんがかくせい》〉してているのに、全くその自覚が無く、闇をどんどん引き込んでしまったのです。全く心を開かず、インテリバカの見本〉第一号として、御指導を頂き、申し訳ない思いで、無知を恥じ入りました。

本当に今でも、思い出す度《たび》に、知抄の偉大な光の威力に、申し訳なく思うばかりです。

永遠《とわ》なる光の源《みなもと》に向かって、光の道を進むには、全てを投げ出し、知抄の光に委《ゆだ》ねるしかないことを、その日より、思い知りました。

今、我が家は、七十七歳の夫と、次男の三人暮らしです。嫁《とつ》いだ時より、人生の先達者として、夫の母には、多くのことを誨《おしえ》て頂き、共に歩んで参りました。そして、知抄の光に遭遇《そうぐう》してからは、共に学び、昨年、百歳で身罷《みまか》るまで、自宅で最後まで看取《みと》ることが出来ました。穏やかで静かなお顔に、大往生《だいおうじょう》を遂げられたのだと、とても安堵しました。先に六十七歳で逝《い》かれた父と共に、私を娘のように、愛しんで下さったことに、感謝以外ありません。

素直な幼子の心で、知抄の光に全てを委《ゆだ》ねていれば、あるべくしてある、良き方へと、こうして導いて頂けました。

目の前で起こる、日常生活の一つひとつの試練は、私にとって、光の地球に適応する為に、〈光そのもの〉として生きて行く、揺るぎない心を養う為に、必要であったと思います。

万感の思いを込めて、実在する知抄の光に、感謝を捧げます。

（F・N）記

☆ すばらしき仲間（サロンにて）

（上）2014年5月10日　（下）2014年8月9日

⑥ 病を克服《こくふく》するには

☆体験発表(4) 二〇一四年 四月 二十九日

光の地球に 同化しようセミナーにて

人間とは 本来 光そのものです

しかし、人間は、三次元の感情生命体です。常に頭の中で、考えを巡《めぐ》らせています。不安、恐怖、自己憐憫《れんびん》、種々の欲望など、三次元の肉体に付随した煩悩《ぼんのう》的なものは、消えることなく、次々に湧《わ》き出て来て、いつも人間を苦しめます。知抄の光の威力に全てを委《ゆだ》ねれば、まっさらな白紙の心になれます。そして、熱き思いで、光を求めれば、〈魂の光〉が自由に解放され、肉体マントを光のマントに変え、光のご意思が言動として顕現《けんげん》します。

光の源の大計画、Ｐａｒｔ３の御本の一五六ページは、私に関することですが、当時、精神も、肉体も、病に占拠《せんきょ》され、頭の中の譬《たと》え様もない不快感と、身体の筋肉に力が入らない状態の中で、余りの苦しさに、どちらか一方にしてくれと思ったものでした。

普通であれば早晩、歩くことも、食事をとることも、呼吸することも出来なくなり、死に至っていたと思います。しかし、不思議と自分がこの病☆で死んでしまうとは、思っていませんでした。こんな最悪の状況下にあっても、〈魂の光〉を自由に解放してくれる〈智超法秘伝〉と、〈知抄の光の威力〉への確信が、失せることはなかったからです。

それでいて、集中力を欠いた頭は、学んで来たはずの智超法秘

☆（うつ病と運動ニューロン疾患）

伝を、どのようにして駆使《くし》してよいものか、判らなくなっていました。ああでもない、こうでもないと、思考という小さな頭で考え出される枠の中で、キリキリ舞いしていました。幸いなことに、お教室、そしてセミナーなどに参加させて頂き、知抄先生、スタッフの皆さんのご指導も頂き、病を克服出来ました。

知抄の光は、私達の三次元での肉体を生かしている、生命《いのち》の源の偉大な活力であり、宇宙を統一する無限の愛の原理である、生きた実在の光です。人間は、生きとし生けるものすべてを育《はぐく》む、知抄の光の恩恵によって、この地球に生かされています。

それ故、生活上の些細《ささい》なことから、人間の生き様《ざま》、そして死に様《ざま》まで、すべてを見守って下さいます。

病を克服《こくふく》するには　知抄の光を認識した上で
〈確信〉を持って
魂の奥に　実在として　降臨《こうりん》されている
救い主　知抄の光に　委《ゆだ》ねるのです

こんな些細なこと、こんなバカげたこと、こんなことは捧げてはいけないとか、考えを巡《めぐ》らせてはいけません。あらゆることに関して、〈すべてを委《ゆだ》ね〉、捧げきるのです。私は自分の悪いことばかりを捧げては、身勝手すぎるのではないか――と。最初は、三次元の肉体の頭で考えては、救い主、知抄の光に委ねていると思い込み、大変な回り道をしておりました。

病は幾重《いくえ》にも織《お》りなす、闇そのものですが、闇を駆逐するには喜び、賛美、感謝の救い主、知抄の光の威力を求め、自らの〈魂の光〉を解放して頂かなければなりません。治療がままならない病気の時は、苦痛が厭《いや》でも襲《おそ》ってきます。その痛みに引きずられ、苦しい、苦しいと緊張し、固くなって、全く光の領域の喜び、賛美、感謝どころではなくなってしまうのです。

どんな苦痛の中にあっても　知抄の光を魂に掲《かか》げ
自らの強い決意で　求めれば
必ず　光に引き上げて　頂けるのです
自らの存亡《そんぼう》をかけて
自らを救う　自力救済です

こうして本当の自分である、〈魂の光〉は、肉体を照らし、自由に羽ばたき、精神へ五感へ細胞へと、肉体に作用します。

胸の奥にある〈魂の光〉と共に
もっとその奥に在る　知抄の光に　意識を集中し
そこから　意識を離してはなりません
胸の奥の　魂のもっと奥へと
明るい光だけに　向かうのです

病気の不安、恐怖から、いろいろな負の思いを巡らす暇があるなら、幸せを呼ぶ〈数え宇多〉をうたい、

救い主　知抄の光　暗黒の地球をお救い下さい

と、昼夜を問わず、意識がある限り、魂の奥へ、光の源目指して、叫び続けるのです。

しかし、人間が、光に引き上げて頂いて、〈光そのもの〉になれるのは、一瞬だけです。持続は出来ません。すぐにまた、病気に占拠されている、重たい三次元の肉体に戻ります。ここで、病気の回復は、遅々《ちち》として進まないと、失意して諦《あきら》めてはなりません。

私のように、難病の医学の届かない、重い病に蝕《むしば》まれた時は、肉体の回復は、恐ろしく鈍《にぶ》く、遅いものです。

しかし、諦《あきら》めることなく、知抄の光への強い確信を持って、光の源《みなもと》に向かう強い決意で、前だけ見て、光だけ見て、休まず留《とど》まらず、熱き思いで、まっさらな心で、救い主、知抄の光を求め続けると、病は、必ず、徐々に良い方向に向かって行きます。
このようにして、人間本来の〈光そのもの〉である、〈魂の光〉が自由に羽ばたき、全知全能を一つひとつ、使いこなして行くことで、良い方へ向かう歩みが加速され、病も克服《こくふく》出来るのです。

（Y・K）記

☆ご参照☆
光の源の大計画　Part 3
知球暦　光四年　知の時代の到来
〈新人類の生誕〉　一六七頁

第二部

光の地球に同化した証《あかし》

（1）　知抄の光に出会えて　幸せです

二〇一四年　四月　二十九日

ありがとうございます。

セミナーに参加させて頂いたこと、ビデオを見せて頂いたこと、全てにありがとうございます。

光のお写真も、何もかも、凄くて嬉しかったです。本当にありがとうございます。

〈光呼吸〉を知ったこと、生きている事が、今とっても幸せで、嬉しいです。夢の中に居るようです。ありがとうございます。

この年☆になって、知抄の光に出会えて幸せです。（G・M）記

☆（今、91歳です。）

（2）体験のお話に 感動しました

二〇一四年 四月 二十九日

本日はセミナーで、凄いビデオを拝見させて頂き、ありがとうございました。そして、体験のお話が、教室に参加していない私には、判り易《やす》くて、感動しました。

セミナー終了後に、サロン（201）に、妻と共に、初めて入室させて頂きました。和《なご》やかで、身も心も軽やかで嬉しく、楽しくなり、本当のリラックスとは、このようになることかと、貴重な体験をさせて頂きました。

これからも、知抄の光と共に歩みます。

本日は、誠にありがとうございました。

（K・K）記

（3） 私は 小学三年生になりました

二〇一四年 四月 二十九日

みなとみらいホールでの〈地球を救うセミナー〉へ参加させて頂き、ありがとうございました。

知球暦光三年、〈人類の思考が停止する日〉、Ｐａｒｔ2を読み終え、知球暦光四年、〈新人類の生誕〉、Ｐａｒｔ3を読んでいて、今ちょうど、最後の方へとなっておりました。

知球暦光五年、Ｐａｒｔ4は、いつ出るのか――と、母と話しておりました。母が、

「いい子にしていたら、早く出るんじゃないの――」

と、言ったので、私もそうかもしれないと思いました。

今日は、嬉しくて、楽しくて、本当にご本に書いてあるように、喜びと、賛美と、感謝で一杯になりました。

知抄先生、早くご本を作って下さい。幸せを呼ぶ〈数え宇多〉の四番、〈よんで良い子、光の子〉になります。私は、小学三年生になりました。

今日は、本当にありがとうございました。

（S・M）記

（4）

私も〈光の華〉を咲かせます

二〇一四年 四月 二十九日

本当に凄《すご》い、凄《すご》い、セミナーでした。

プログラム配布の、お手伝いをさせて頂きました。お一人、おひとりと、挨拶を交わす度《たび》に、力強い意気込みが伝わって来て、セミナー開催の、喜びが増して行くのでした。どなたのお顔も輝いておられました。

今回のセミナーで、智超法秘伝を学ぶ方々が、光の地球の礎《いしずえ》の光であること、そして、誰も代わることが出来ない部位を担《にな》っていることが、はっきりと判りました。各人各様の個性ある〈光の華〉を、確実に、地上に、咲かせねばならないと思いました。

知抄先生に降下された、宇佐市、大許山での、光の降臨ビデオの公開には、只々《ただただ》、平伏《ひれふ》す思いです。同時に、このようなチャンスを、今世で、〈今〉戴けたことが、永遠《とわ》なる光の源への、光の道を歩む、強い決断となりました。

体験のお話は、どんな状況の中でも、知抄の光と共に歩めば、必ず、良き方へ導かれることを、自然体で汲《く》み取ることが出来ました。教えて頂き、大きな気付きを頂き、これからの私の一生《いちせい》、更《さら》に、光の道を歩む勇気と、確信と、自信が、湧いて来ました。

日常生活で押し寄せて来る闇を、決して放置せず、魂の奥に実在として降臨されている、知抄の光に全てを委《ゆだ》ねます。そして、私自身である〈魂の光〉にいつも活力を注ぎ、見守って下さる知抄の光から、片時も目を逸らすことのないように、光と共に歩む覚悟です。
　本当に多くの学びを、ありがとうございます。実在する知抄の光に、喜びと、賛美と、感謝を捧げます。

（M・N）記

（5）　加齢を乗り越え　実行実践します

二〇一四年 四月 二十九日

今回のセミナーで、幸せを呼ぶ〈数え宇多〉の威力と、元気になる〈智超法気功〉の、オーバーシャドウと、〈秘音《ひついん》〉の凄さを、強く感じました。日々の生活の中で学んだことを身に修め、加齢を乗り越えて、病気にかからないよう、元気はつらつで、実行実践して参ります。

知抄の光に、全てを委ね、光の道を進むのみ—との、決意する日となりました。本当に有り難うございました。

（H・Y）記

(6) 光の地球で〈溺《おぼ》れ〉続けていました

二〇一四年 四月 二十九日

この度のセミナーでは、家族の席までご用意して頂き、ビデオを良く見ることが出来ました。

学びの浅い私にとっては、ビデオや体験のお話を通し、知抄の光への確信が、全く足りていない事が、よく認識出来ました。

このセミナーは、社会人二年目を迎えた私にとって、これからの人生行路を、如何《いか》に生きるべきか、大きな目標を頂きました。

今迄、学生気分で、三次元の感情のままに、あーでもない、こうでもないと、思考を巡《めぐ》らせていたことが、どれ程、光と化した地球の中で、〈溺れ〉続けていたか、本当によく判りました。

今より、全て、魂の奥に降臨されている、救い主、知抄の光に委ねて、真《ま》っ新《さら》な白紙の心になり、私自身の〈魂の光〉がお出まし下さるよう、研鑽《けんさん》致します。

そして、喜びと賛美と感謝の中を、インスピレーションで歩んで行けるよう実践実行します。

（S・A）記

（7）

知抄の光を　証《あかし》する　凄《すご》いビデオ

二〇一四年　四月　二十九日

本日の光の地球に同化しようセミナーの開催と参加させて頂いたことに、感謝を申し上げます。

まず、プログラムを頂いて、内容の豊かさにびっくりいたしました。その一つひとつがどれも素晴らしく、胸の奥に響くものでした。体験発表は、その生き様の素晴らしさに感動いたしました。

誰しも何かしらの試練は、体験されていることとは思いますが、お話しされた方々は、皆様、見事《みごと》に乗り越えて、幸せを掴《つか》まれていることに、感銘と勇気を頂けました。

〈智超法気功〉と〈光呼吸〉の時は、驚きました。一回のオーバーシャドウの後、そして、一回の光呼吸の後、目を開けた途端《とたん》、舞台上の光人の白い服が、黄金の色に変わっているのです。照明もないのにまるで、黄金のスポットライトを浴びているように見えたのです。私の目がおかしくなったのかと思いました。

この状況は、プログラムが終わるまで続きました。今迄の私は、光になっているとか、いないとかは、判らないのですが、この時ばかりは、私にも見ることが出来ました。

その上、貴重なビデオを三本も見せて頂き、ありがとうございました。

一本目の知抄先生に降下された、宇佐の大許山での光の降臨ビデオは、胸の奥にポンポンと、実在の光が入って来て、奥へ奥へと拡がり、さらに、世界中に拡がっていくような感覚になり、感動で涙があふれました。今迄も何度も何度も、貴重な光のビデオや、お写真を見せて頂いてまいりましたが、この有り難さがやっと判るまでに、引き上げていただけたことに、感謝が込み上げてきました。

二本目のアカデミー教室のビデオは、光呼吸をしながら見ていると、一気に胸の奥が熱くなりました。ビデオの画面の中に、見覚えがあるTシャツを見つけ、私かしら——と、思いました。お教室では、こんなに輝いて、〈光そのもの〉でいるのだから、日常生活で出来なくて、どうしますかと叱咤激励《しったげきれい》された思いが致します。

三本目のビデオは、このセミナーで、光へと引き上げて頂いたからこそ、見せて頂けたと思いました。入り口の辺りから壁が、昼間の太陽のように、目も眩《くら》むような、まばゆい強い光で、見えなくなっていきました。畏《おそ》れ多くて、平伏《ひれふ》すしかないのですが、光から目を外すことはできませんでした。全身が暖かくなりました。そうすると、目の奥が解放されて、身心共に軽くなりました。

「こんな、すごいビデオを、
　見させて頂いて良いのでしょうか？」

知抄の光の実在する威力への賛美と、有り難さに、感謝しかありませんでした。本当に、多くの感動と、気付きを、ありがとうございました。

（N・K）記

（8）

知抄の光の　凄い威力《いりょく》に　見入っておりました

二〇一四年　四月　三十日

今回のセミナーでは、音響のお手伝いをさせて頂きました。後部にある音響室から見下ろす舞台は、本当に美しく、最初から最後まで、知抄の光で満たされ、別世界として、輝いておりました。そして、音響室の中にある小さなビデオには、舞台全体が、真白な白銀の光や、黄金の光の降下で埋め尽くされ、舞台に展示されている、大パネルの光のお写真からは、光が放たれるのが見えました。本当に凄い、実在の知抄の光の威力を、体験させて頂きました。

プログラムの中で、知抄の光の降臨ビデオを、三回見せて頂きましたが、知抄の光に全てを委ね、喜びと、賛美と、感謝を捧げると、一瞬で、胸の奥からスーッと身も心も軽くなり、喜びと感謝が湧き上がりました。知抄の光の凄い威力に、感謝で、平伏す思いで、目を見開いて、見入ってしまいました。

幸せを呼ぶ〈数え宇多〉の時には、嬉しさが場内に満ち溢れて、全員が知抄の光を浴びて、同化して行く感覚を、体得させて頂くことが出来ました。

今日の実体験を、確信とし、二十四時間、喜びと、賛美と、感謝で、知抄の光を死守出来るよう身に修めます。

（K・S）記

（９）　もはや　理論も　理屈も　通用しない!!

二〇一四年　四月　三十日

四月二十九日、本当に、素晴らしいセミナーに、参加させて頂きまして、ありがとうございました。

宇佐神宮の奥院での、知抄先生目指して降下された、光の降臨ビデオは、目を開けておれないほど、光が眩しくて、眩しくて、直視出来ない光の凄さでした。

今回の体験発表者のお話は、すべて魂の奥から、知抄の光への喜びと、賛美と、感謝で満ち溢れておりました。お話を聞いているだけで、私が共に体験したように、私の胸の奥にある魂が喜び、感動は感謝となって、沁《し》み入りました。
知球暦、四年目を迎え、一段と進化した光の地球は、最早《もはや》、理論も理屈も通用しないことが、鮮明になりました。光のみ見て、闇を見ず、前へ、前へと、歩ませて頂きます。

（F・M）記

(10) セミナー 本当に 物凄《ものすご》かったです

二〇一四年 四月 三十日

昨日開催されたセミナー、〈光の宴《うたげ》〉は、知抄の光の、圧倒的な実在の威力の前に、平伏すばかりです。実在する知抄の光の威力は、体験の発表や、貴重なビデオを三本も、そして、舞台上に展示された、光のお写真の、大パネルまでも、見せて頂きましたこと、心より感謝申し上げます。

人間とは、本来〈光そのもの〉であるという、知抄の光からの学びに、確信を強く持てる〈証《あかし》〉の数々でした。そして、日常で教えて頂いたことを、実行実践している方々の、貴重な体験談をお聞きしていると、素直に日々、知抄の光に委《ゆだ》ねていると、あるべくしてある良き方向へ誘《いざな》われ、光の地球で、幸せに過ごさせて頂けることが、本当に、よく判らせて頂きました。

そして、私も教わったことを、より自覚を持ち、実行実践し、皆んなが幸せになることを、現実化したいと思いました。自分が幸せになることで、同じ波動の人々を、幸せに導いて行く歩み、〈光と共に〉して行きたいと、思うようになりました。

閉会の光人のお声は、魂に響き、美しい透明なお声は、神々《こうごう》しいお姿と共に、目を奪《うば》われ見入ってしまいました。本当に物凄《ものすご》かったです。

セミナー後、床の金粉を採らせて頂きました。

（F・M）記

(11)　真実の光に　感謝　感謝　感謝です

二〇一四年　四月　三十日

〈光の地球に同化しよう〉セミナーに参加させて頂いて、本当に有り難うございます。

知抄の光の降臨された、実在のお写真と、ビデオを三本も放映していただき、その物凄さに感謝と感動で見入りました。

偉大な知抄の光で統一された、〈光の地球〉では、肉体人間の自分では何一つ出来ない、只々《ただただ》素直にお願いして、委ねるだけしかないことが、本当に判らせて頂きました。有り難うございます。有り難うございます。感謝感謝以外、言葉もございません。

本当に沢山の秘伝を、今迄お与え頂いて、ここまで共に歩ませて頂けたこと、平伏して喜びと、賛美と、感謝を捧げます。光の地球に同化出来るよう、日常の瞬間瞬間を、教わった秘伝を、もっともっと駆使し、〈光そのもの〉として在ります。有り難うございます。

最近、職場でも、驚くような喜びを、沢山《たくさん》頂いています。有り難うございます。

真実の光の、物凄い威力の前に、今迄の人間としての、無知ゆえの、ご無礼をお詫び致します。

（H・M）記

(12) 笑い続けるという 状態でした

二〇一四年 四月 三十日

昨日のセミナーでは、ビデオの撮影を担《にな》うことが出来、心より深く、感謝、申し上げます。

ビデオ撮影で感じましたことは、舞台でお話しされるお方や、実技をされるお方が、穏やかで、ゆったりと、〈光そのもの〉になっておられました。お手本として、〈地球に同化〉されている、美しく輝く姿を、見ることが出来ました。言葉では、表現出来ませんが、光の子は、〈光人《ヒカリビト》〉として確立し、美しく輝くことを、確信出来ました。

三本のビデオの放映は、その一つひとつが、別世界の〈実在する救い主　知抄の光〉として顕現《けんげん》され、驚きのあまり、言葉になりません。そして、黄金の光に魅せられて、見入っていると、いつの間にか、身も心も軽くなり、セミナー中は、ずっとずっと、喜びと、賛美と、感謝で、嬉《うれ》しくて、楽しくて、笑い続けるという状態でした。

（A・S）記

(13)　真実の光である　確信を　深めました

二〇一四年　四月　三十日

みらいホールでのセミナーに、参加出来たことを、本当に嬉しく思います。

会場は、光の地球そのものでした。舞台に展示されている大パネルの光のお写真から、凄い光が出ていて、喜びで即、満たされました。プログラムの中で、三回も光の降臨ビデオを放映して頂き、実在の知抄の光に今世で、遭遇《そうぐう》出来たことを奇蹟と思いました。本当に、このような光場《ひかりば》は、ここ以外にはどこを探してもない、この貴重な実在する〈**生命の光**〉の存在を、しっかりと、今日こそ受け止めようと思いました。

体験談からは、いつも教えて頂いて来たことを、実践実行することで、良き方へと誘われることが良く判り、より知抄の光を身近に、深く感じることが出来ました。目の前の困難や、試練に、目を奪われ、光から外れることのないよう、光を見て、前だけ見ようと決意しました。人間であることで、一足飛びに光へ行けなくても、いつも知抄の光を魂に掲《かか》げ、共に歩むという確信だけは、絶対に忘れてはならないと思いました。

新《あら》ためて、人間を光に引き上げて下さる、〈救い主〉知抄の光の実在の威力を体験し、本当に、本当の真実の光である確信を、深くしました。ありがとうございます。

（T・M）記

(14)

舞台で　浮上してしまいました

二〇一四年　四月　三十日

四月二十九日、セミナーのプログラムの中で、幸せを呼ぶ〈数え宇多〉を、舞台の前列でうたうと、本当に身も心も軽くなって、浮上してしまいました。そして、声が出せなくなる程、笑いが込み上げ、嬉しくて、楽しくて、六十八歳になる私が、幼子《おさなご》の心になって、両手が真白になっておりました。

今回も、本当に言葉で表現できない程、地球上でどこにもない内容の、凄いセミナーでした。生命の光である、知抄の光を浴びせて頂いて、またここで〈光の山〉を超えて、大きく引き上げて頂けました。

大分県の宇佐市にある、宇佐神宮の奥院で撮影された、〈知抄の光〉のビデオは、こんなに凄い、救い主、知抄の光のビデオだったのかと、驚くほどの、眩《まばゆ》く輝く偉大な光でした。場内の後ろにある録音室から、見下ろしていたのですが、一瞬ですが、会場全体が、宇佐神宮の奥院の庭に居る感覚に変容しました。

知抄の実在する〈十字の光〉吾等から、〈吾等 景色まで変える〉の、言葉《ことは》を頂いておりますが、言葉通りでした。

このような感激を、感動を、喜びを、参加者全員に、平等に、頂けましたことに、万感を込めて、知抄の光に、感謝を申し上げます。

（W・T）記

(15)

光へ 行きつ 戻りつの 体得しかない!!

二〇一四年 四月 三十日

みなとみらいで開催されたセミナーに、参加させて頂き、ありがとうございました。

プログラム二番の、実在する知抄の光からのメッセージは、今回は、私達、地球人類に向けての、メッセージでした。今、思い出しても、胸が震え、頭が下がります。同時に、自分の来《こ》し方が恥ずかしくなりました。

過去を振り返ることなく、反省するのでなく、〈今〉この瞬間を、〈生ききる〉ことを、身に修めたいと思いました。

そして、一瞬一瞬の日常生活で、魂の光輝への道しるべである、〈智超法秘伝〉を使いこなし、瞬間瞬間、光へ行き、また人間に戻りの繰り返しを体得しなければ、光の地球で、溺れてしまうことが、納得出来ました。

人類を〈光へと引き上げて下さる〉救い主、知抄の光に、人間は〈ゆだ《委》ねる〉だけである認識を、実行に移し、足跡として、残して行くその覚悟を頂きました。

（T・J）記

（16）　こんな別世界を　見せて頂けるなんて!!

二〇一四年　四月　三十日

セミナーでの感動は、一生忘れられぬ感激でした。

舞台上のお写真からの光が、いつもより強く感じられ、背筋が伸びる様でした。知抄の光様からのメッセージを、御本で読むのではなく、直に耳から聞かせて頂きますと、いつも三人称で読み、理解しておりましたのが、

ドーンと、私が知抄の光を根付かせるんだ　―と、
私が、する他ない　―と、

自力救済と、いつも教えて頂いておりますのに、今回は、あっさり、自覚させて頂けました。

そして、知抄の光を認識し、自ら求める強い決断が、必要であることに気付かされました。すると、その後のお話も、お言葉もググーンと響いて参りました。

そして、知抄の光様のビデオ放映は、初めて観せて頂く感激に、喜びに、涙が止まりませんでした。美しい光の舞う中で、知抄先生目がけて天空から、真っ直ぐ、強く、輝く、光が降りていらして、幾重《いくえ》にも、何段にも光が並び、交差し、光のお姿が沢山《たくさん》、実在として、いらっしゃる……。本当に、この世で、こんな天界の別世界を見せて頂けるなんて、想像すら及ばない光景でした。

実在する知抄の光への、〈賛美〉の意味が、よく判りました。

何度も何度も〈凄《すご》いことだ‼〉と、感動で打ち震えながら、光の源《もと》へ、感謝を叫んでおりました。

救い主　知抄の光　暗黒の地球を　お救い下さい

の、深い意味が、今日こそ汲み取れました。

私の細胞全部からの、叫びということは、地球丸ごと、全部の叫びであることが、納得出来ました。

小宇宙である、人間の私が叫ぶことで、この地球に住む、生きとし生けるものに、物凄《ものすご》い影響を及ぼすことが、一瞬で、判らせて頂けました。光の地球に住む、構成員の一人である、私の叫びが、光の源へ届くことが、大事なんだと、気付かせて頂きました。

今より、生まれ変わった覚悟で、地球を救う、救い主、知抄の光様を死守し、共に地球人類を、〈光へと引き上げる〉光の子として の、自覚を致します。

私、光の源、光の古里《ふるさと》へ、必ず光になって、帰ります。

今も身体が熱く、感動で涙がこぼれます。

（H・K）記

光と共に在る者は
流されることはない!!

(17) 異次元に居ることを 実感しました

二〇一四年 四月 三十日

〈光の地球に同化しよう〉セミナーに参加させて頂き、何と表現したらよいか、言葉もありません。

二時間があっという間に、光のリズムで、過ぎ去った感じがしました。既成概念《きせいがいねん》で、光が肉眼で見えなければ、ダメだとか、自分で勝手に決めつけて、自分を評価していましたが、今回はそういうものではない事に、気付かせて頂きました。固くなって身構えることのないように、ただ、会場内の穏やかさを愛《め》で、実在する、知抄の光をお迎えしたい……と、楽しい気持ちで、胸のあたりに意識を集中しているだけで、光に引き上げて頂ける瞬間が、訪れることが確かに判りました。我が〈魂の光〉が、自由を得た時は、瞬間、胸の奥が暖かくなり、自然に喜びと、賛美と、感謝が、込み上げて来るのでした。

私も、このようなセミナーが開催されるごとに、参加し、少しずつ進化させて頂いて来たのか、会場全体が異次元になって、別世界に居ることが、今回は、本当に実感出来ました。

人類を救い、地球を救う、救い主知抄の光と、〈光の源の大計画　Ｐａｒｔ３　知球暦光四年　知の時代の到来　新人類の生誕〉の内容が、やっと体感出来ました。

その上、今回のセミナーでは、左足が足底腱膜炎《そくていけんまくえん》を起こして、歩行に支障を来たす、痛みを抱えておりました。〈病を克服《こくふく》するには〉、のお話の中でのご指導を、共に実行しましたところ、なんと、痛みが和らぎ、普通に歩ける状態にまで回復していました。自分はまだ、光の恩恵を受けられるレベルではないと、またもや、勝手に自己評価していたことを、恥じ入りました。

知抄の光が、実在であることが判っていても、〈ゆだねる〉ことが出来ない、理論理屈がジャマしてしまう、〈インテリ馬鹿〉と、言われている、この既成概念を、焼き尽くして頂き、幼子の心になります。

（W・K）記

☆　理論・理屈は通用しない　☆

光の地球は、〈魂の光〉が主役。
全知全能を、インスピレーションで、引き出し歩む。
人間の思考を、めぐらせることは、光の地球では、
〈思考の停止〉を、招くことになります。
このことに、人類が気付く迄には、
かなりの時が、かかるでしょう。
一足飛びには来れないのです。

☆（Ｐａｒｔ２併読）

(18) 光に 全てを委《ゆだ》ねれば 光になれる

二〇一四年 四月 三十日

セミナーの開会と同時に、私は場外へ写真を撮りに出ました。厚い雲に覆われて、太陽は見えなかったのですが……。なんと申しましょうか、〝ここだよー〟とばかりに、雲を透かして、薄《う》っすらとですが、実在の知抄の光の存在を示してくれました。感動致しました。

場内に戻ると、もの凄い光が降臨されて、参加されている皆様が、それぞれの受容力に応じて、光の受け皿になり、〈魂の光〉が解放され、輝いておられました。

幸せを呼ぶ〈数え宇多〉の時、光が降り注いで、喜びと賛美と感謝の、知抄の光で統一されて行くのが、よく判りました。この時、地球全土に、救い主、知抄の光が放たれて、瞬間同時に、妖精が、一斉に飛び立ちました。

今日の閉会は、壇上《だんじょう》の〈光人〉が、本当に、黄金の光に包まれているお姿を、カメラのファインダーを通して、はっきりと見ることが出来ました。

会場そのものが光場となり、地球の核として、救い主、知抄、光の子、光人、光の源よりの御使者、十字の光〈知抄の光の吾等〉が一丸となり、喜び、賛美、感謝に満ちる、光の源、創造界に在《あ》られる救い主、知抄の光によって、地球丸ごと、光へと引き上げた瞬間を、実感するセミナーでございました。

セミナー終了後、サロン（２０１）に、入室することが出来ました。共に、魂の光で結ばれた、素晴らしき仲間と、再び集《つど》い、楽しい一時《ひととき》を、過ごさせて頂き、本当に幸せでございました。感謝で一杯でございます。

学んで来た教室の在籍者でなくても、光への熱き思いで求めるお方には、こうしたセミナーで、知抄の光にすべてを〈ゆだね《委》〉れば、光に、引き上げて頂け、〈光そのもの〉になることが、良く判りました。

（M・A）記

☆　すばらしき仲間について　☆

光と化した地球は、〈魂の光〉が主役です。
真の自由と、真の平等と　真の平和を、
夢ではなく、現実に構築します。
この〈光〉で結ばれた友、これが新しい
二十一世紀を担《にな》う、地球人類の礎《いしずえ》となるのです。

(19)　地球が　光と化している　事実に確信!!

二〇一四年　四月　三十日

初めて、みらいホールでのセミナーに参加出来ました。本当にありがとうございます。

この場所へとうとう戻って来られた……と。

只々懐《なつ》かしくて、そして、暖かい温もりに包まれ、感謝の思いで一杯になりました。

何もまだ判りませんが、どんな試練が私に起ころうとも、試練を宝に変えて、強く生きて行く、覚悟を頂きました。

今迄、無知故《ゆえ》に、戸惑いや、緊張感、不安感、時には恐怖感もありました。その為に、光の地球で、光の河を渡れず、溺れていたことに、今日、はっきりと気付かされました。

このセミナーで、地球が、光と化していることが、本当に事実であることを、確信することが出来ました。

もっと、しっかりと、三冊の御本を読み返し、お教室で学び、前だけ見て、光だけ見て、光の源目指し、歩ませて頂きます。

本当にありがとうございました。

（Ｏ・Ｔ）記

☆このＰａｒｔ４知球暦　光五年は、
光の源の大計画　Ｐａｒｔ１・２・３
知球暦　光元年・光三年・光四年
三冊と　併読されますよう

(20) 爽《さわ》やかな　やるぞーの思いが　今も……

二〇一四年　四月　三十日

セミナーの開催、ありがとうございました。

準備から、プログラム一つひとつ、後片付けまで、全てが絶対世界の、絶対なる完璧を、体現させて頂きました。無我夢中で、時空を超えて、終わってみれば、あっという間でした。本当に時間の観念がなくなっていました。全てが、何の心配もなく、光のリズムで、スーイ、スーイと、進行するのでした。

実在する、救い主、知抄の光を、より一層身近に、その感動と共に、軽やかで、爽やかな〈やるぞ‼〉の思いが今もって、湧《わ》き上がって来て止みません。幸せを一杯頂きました。

光のみ見て、前だけ見て、光の剣を抜いて、照らし、注ぎ続けて、前進あるのみ、であること――。実にシンプルな学びでした。

（N・M）記

☆〈雄叫びをあげよう〉光の源に届くまで☆

喜びと　賛美と　感謝に満ちる

救い主　知抄の光

暗黒の地球を　お救い下さい

(21) 両手に 金粉が 出ていました

二〇一四年 四月 三十日

知抄先生、セミナーに、小学二年生の弟と参加させて頂き、本当にありがとうございました。

会場に入った時から、もう体がホカホカして、その日は、そんなに、暖かかった、わけでもないのに、暑いぐらいでした。

実技が終わった後は、まるで、何かつき物が落ちた様に、体がすごく軽くなり、頭がスッキリしてました。

数え宇多をうたった後は、

もう、すごく楽しくなって、うきうきした感じになりました。とても嬉しくなって、両手を見ると、金粉が出ていました。

「やったあ……」と、じっと見ていると、どんどん金粉が増《ふ》え、笑いたくなって来ました。

サロン（２０１）での会食は、ご飯がとても美味しかったです。お昼に頂いたお弁当も、すごく美味しかったです。どちらも沢山《たくさん》食べました。身体の中から、あつくなりました。ありがとうございました。

（Ｋ・Ｈ）記

(22) 次元が 変わったことを 認識出来ました

二〇一四年 四月 三十日

北は、北海道から、南は、福岡から、熱い思いで知抄の光を求め、集い、今思えば、あっという間に、セミナーは、終わっていました。全員が、光の地球に、同化できるように、引き上げられました。なんとお礼を申し上げたらよいのか、ただただ偉大なる救い主、知抄の光の威力の恩恵に、感謝を捧げ、頭を垂《た》れるのみです。

昨日のセミナーで、四月二十三日に受託された、新しいメッセージが公表されました。何か身が引き締まる思いで、居住まいを正し、拝聴《はいちょう》させて頂きました。

今回のセミナーで感じたことは、私たちは、生まれてくる前から、光の源に向かうために、この地球に生まれて来たことでした。自分の過去世からの負債や、家族、職場など、全て、自分が、計画して、生まれて来ているということを、改めて、思い起こしました。

本当に地球が光と化し、次元が、全く変わったことを認識出来た今、両親や弟にも、光の地球で溺れないように、手を差し伸べることに気付かせて頂きました。これから、何があろうとも、知抄の光を守り抜きます。

（M・T）記

(23)　光を求める　熱き思いに　はっとさせられる

二〇一四年　五月　一日

〈光の地球に同化しよう〉セミナーに、夫と二人で参加させて頂き、ありがとうございました。

実技では、〈光に成れる〉智超法秘伝を、教えて頂きましたので、その時々の状況に応じて実践していきます。

体験のお話では、高校中退してから、八年かかって、大学を卒業されたお方の生き様に感動しました。ご本人の努力も凄いですが、知抄の光と共にあれば、どんな困難を伴《ともな》う事でも、成し遂げられることが判りました。病と闘《たたか》っているお方の体験は、福岡からの参加でした。光を求め、救い主、知抄への熱い思いに、私は、胸が熱くなりました。

当日の私は、横浜の桜木町駅のみらいホールまで、電車でたったの四十五分で着きました。北海道や九州からの、遠方から参加される方々にお会いする度に、私の知抄の光を求める思いに、はっとさせられます。

私は、斜視がひどく、右眼と左眼で、別々に物を見るのです。今迄参加したセミナーでは、舞台に出るお方の姿が、ずれて見えていました。今回のセミナーでは、人物やお写真が、一致してよく見える時が多くありました。こんなに、よく見えたのは、何年ぶりでしょうか。本当に嬉しかったです。私も目の病を克服します。御礼申し上げます。

（S・M）記

(24)　光の宴《うたげ》は〈十字の光　吾等〉と共に

二〇一四年　五月　一日

セミナー当日は、朝から胸の奥が暖かく、会場のみらいホールに一歩足を踏み入れた時から、降り注ぐ、実在する、救い主、知抄の光を感じました。思わず、

「知抄の光、セミナーの開催有難うございます」――と、胸の奥から感謝が自然に湧き上がって来ました。そして、身も、心も、魂も、打ち震える幸せで満たされました。

舞台上の大パネルの光のお写真や、ビデオ放映の画面から放たれる実在の知抄の光の威力は、本当に物凄かったです。会場全体

が朱と黄金の光で満たされ、金粉が、手やお顔に、出ておられるお方も、大勢おられました。勿論《もちろん》、床にもキラキラと……。

光と化した地球の〈光の宴〉である、このようなセミナーを、七月十三日と十月五日に開催することが、次なる目標として、今今日お知らせを賜りました。次なる、光の山を目指して歩みを進めます。

知抄の〈十字の光 吾等〉と、一丸となって、永遠なる光の道の、より高い、純粋な光を目指して行く覚悟が出来ました。

本当に、貴重な学びを賜《たまわ》り、ありがとうございました。

（S・T）記

(25)　光と化した地球に やっと 気付く

二〇一四年　五月　一日

私の座席のすぐ前に、緑色の光で埋め尽くされている、サロン（２０１）で撮影された、大パネルのお写真がありました。

私は、この穏やかな光の水辺で、ずっと、幸せを満喫《まんきつ》して居たように思います。

そして、舞台上に展示されている、光のお写真は、どれもすごいのですが、その中でも、天空から知抄先生目指して、降り注ぐ黄金の光には、吸い込まれるように、常に引きつけられ、魅了《みりょう》されます。あたかも自分が今、その光の下に共に居て、降り注ぐ光を、共に浴びている感覚の中で、喜びと、賛美と、感謝の、知抄の光の帳に、確かに同化して居ました。

はつらつ元気教室の、明るい色彩のお写真を見ていると、今このセミナーでも、同じ事が起こっていることに、嬉しくなりました。

セミナー中は、胸の奥から、笑いと喜びが込み上げ、参加出来たことへの感謝と、この威力への感動で、涙があふれ出ました。

救い主、知抄の光の偉大な威力の恩恵は、浴びるだけで、会場にいるだけで、幸せになりました。

今迄、本当にどこを見ていたのか、何故もっと早く、光と化した地球に気付かなかったのか、恥ずかしい限りです。今日こそ、〈**魂の光輝**〉へと、軌道《きどう》を修正して頂けました。（O・T）記

(26) 再スタートの 起点になりました

二〇一四年　五月　二日

昨年、九州に転居してから、念願だったセミナーに、今回参加出来、知抄の光の大きな愛と、威力を強く感じました。

会場で、旧知の友との再会も実現し、隣のお席に座らせて頂きました。舞台の大パネルの光のお写真からは、沢山の生きた知抄の光を浴びました。久々にお逢いしたスタッフのお方や、お教室で共に学んだ仲間にも、暖かく接して頂き、知抄の光への感謝で一杯でした。

セミナーでは、光のプログラムが進む中で、感動し、沢山の学びを頂きました。数え宇多を皆さんと会場でうたえた事は、最高の喜びでした。そして、右の手の平に二粒の金粉がピカッと光っているのを見つけました。知抄の光と共にある事が実感出来て、嬉しさで胸が熱くなりました。

ところが、セミナーが終了し、会場を出て明るい所で、再度両手を見たくなりました。何と極小サイズながらも、両手の平一面に、金粉が出ているではありませんか。

やぁ凄い！　やった！　嬉しい！

思わず声を落としながらも、叫んでしまいました。実は、三月十一日の明け方に、金粉が部屋に出ている夢を見ていたのです。喜びが幾重《いくえ》にも重なり、深く深く感謝を捧げました。

来月、私は七十六歳になります。今年は、静から動の年にしたいので、インスピレーションを受け止め、行動し、知抄先生にこんなに嬉しい事が起こりました――と、ご報告している姿を、今から思い描いています。

今回のセミナーが、私にとって、これからの、更なる未来への再スタートの起点になりました。

流れ行く日々を、もっともっと、知抄の光に全託《ぜんたく》して、知抄先生から賜ったお言葉の通り、〈あるがまま〉に、光と共に、目の前の事に、捉《とら》われることなく、楽しく嬉しく、自由闊達《かったつ》に、〈今を生ききる〉実践をして参ります。

知抄先生、この度は、本当に、本当に、ありがとうございました。

（S・M）記

☆　ご遠方の皆様へ　☆

どこに居ても
知抄の光は　目の前に在《あ》り
自らの　魂の〈光〉から　目を離さず
救い主　知抄の光　暗黒の地球を　お救い下さい
喜びと　賛美と　感謝を捧げます
の　雄叫びを　光の源へ届けることを
実践しましょう

(27) 私 笑いが 止まりませんの……

二〇一四年 五月 二十八日

四月二十九日のセミナーから、もうすぐ、一ヶ月となります。一日も知抄の光を忘れることなく、教わったことを、実践しておりますと、時間の流れの早さと、私の歩みの遅いことに驚かされました。どんな時でも、地球に降臨《こうりん》されている、知抄の光を魂に掲《かか》げて、共に歩めるよう、実行実践して参ります。

サマディ火曜教室には、現在介護をされておられる方々が、数人いらっしゃいます。皆さん、それぞれに、奇蹟のように変わられたお話をされます。私も主人がセミナー後、オムツが取れました。そして、睡眠薬も半分の量になりました。その上、一人で床屋さんへ地下鉄に乗り、行ける様になったのです。

八十六歳の母も、白内障の術後の眼圧が下がりました。驚きですが、車を自分で運転し、プールで泳いで、元気にしております。

目の前で、こうした快復《かいふく》を見せつけられて、私と同じ波動のDNAへと、知抄の光の威力は及び、私の家族に奇蹟を起こして下さいました。この素晴らしい恩恵を頂くことが出来、嬉しくて声を大にして、深く深く感謝を、そして御礼を申し上げます。

これからも知抄の光だけ見て、私が光になって、周りを照らして生きて参ります。笑いが止まりませんの……。

（H・K）記

(28)　このお教室に　留まって居たい

二〇一四年　六月　三十日

今日も、マナマナ産経学園〈智超教室〉に、参加することが出来ました。お教室に近づくにつれて、身体が暖かく嬉しくなりました。

お教室の中は、実在の知抄の光で、満たされ、金粉、銀粉が、床やマットレス一杯に、すでにありました。床は、大空の星を写した鏡のようで、一段と金銀の粒子が大きく増して、青や赤色に輝いて見えました。

どなたのお顔も、幼子の様に愛らしく若返り、キラキラと美しく輝いて、喜びが、自然に拡がって行きました。

前に立つ、スタッフの方々のお声が、より透明に響き渡ると、室内が明るくなって行くのでした。あっという間の時の流れに、ずっと、ここに、こうして留まって居たい――と、いう気持ちに誘われ、喜びで満たされます。

今日は、杖なしで歩いていることに、本人の私が、全く気付かなかったのですが、室内用の杖を左手に持ち、右手で椅子を、自分で持って来て座っていたようです。

ここまで、身心共に元気にして頂き、感謝だけです。

（O・R）記

(29)　スモモを　ありがとうございます

二〇一四年　七月　二日

今日は、知抄先生宅で採れたスモモを、お教室で頂きました。開けた瞬間、とてもいい香りがしました。ちょうど、十年程前の今頃、スモモを頂き、初孫が、「みんなで食べるとオイチイね」と、カタコトで、嬉しく、共に、食べたことを思い出します。

そして、昨年は、どこにもない、スモモのワインをサロン（2 0 1 ）で賜りました。私たちは、5月になると、毎年サクランボも、頂いております。今年は枝ごと飾って、愛《め》でた後、皆んな幼子《おさなご》になって、無心にサクランボを採りました。その時のことを思い起こしながら、開けた瞬間とても良い香りがしました。早速、光がいっぱい詰まった、スモモを、美味しく、感謝と共に、頂きました。

身も心も暖かく、軽やかになり、笑いたくて、嬉しくて、幸せを満喫させて頂きました。

これからも、お教室やサロンで、ぜひ、お手伝いさせていただきたく思います。いつも深い愛をありがとうございます。

（K・Y）記

(30)

黄金に 輝いている 私の姿を発見

二〇一四年 七月 三日

本当に、素晴らしい良き日でございました。

今日、サロン・ド・ルミエール（２０１）で、周りに展示されているお写真を拝見していましたら、黄金に輝いている私の姿を発見しました。今迄、何を見ていたのかと、改めて、自分が人間丸出しで、光に成っていないことに、愕然《がくぜん》と致しました。

〈光の目で 光の足で 歩む〉と、教わっていたのにです。

畏《おそ》れ多いことに、稀有《けう》のこの事実の認識力が浅く、奇跡的な凄い事なのに、他人事として、傍観者《ぼうかんしゃ》で、全く感謝もなく、知らんぷりしていたことを、本当に恥ずかしく思いました。

知抄先生は、光に引き上げ、偉大な変容を、人間がしていても、個々について、何一つ自己顕示《じこけんじ》されることは、ございませんでした。そうかと言って、今迄、**〈光そのもの〉**に、成っていることに、気付かないなんて、今更、弁解の余地もございません。

〈救い主、知抄の光〉に、伏して伏して、感謝申し上げます。

お茶を頂きながら、スタッフから、今の光の旅路を、じっくりとじっくりと、ご説明頂きました。

救い主、知抄の光が、地上に降りた、記念すべき、七月十一日に向かい、偉大なる光を、お迎えできるよう、もっと輝きます。

（T・N）記

第三部

光命体への昇華《しょうか》

1

救い主 知抄のご意思を 顕現《けんげん》する

二〇一四年 五月 十日

〈**地球を救う光人《ヒカリビト》**〉研鑽講座《けんさんこうざ》を、初めて担《にな》わせて頂き、本当にありがとうございました。

サクランボの枝を、サロン（201）の中央に活《い》けて眺めていると、真っ赤に熟《う》れた美しい実が、ピッカピッカに光り輝き、傍に居るだけで、体が熱くなってきました。サクランボがまるで、〈**光そのもの**〉になっている様子で、凄い高い波動を放っていることを感じました。

そして、毎年こうして、知抄先生の温かいご配慮に、なおのこと、喜びを感じながら、光と共に居りました。

セミナーで、すごい光を浴びせて頂き、光の子としての覚悟と確信を深めました。光の子は、瞬時に〈光人〉として、知抄の光を受け止め、知抄の光を放ち、熱き思いで、知抄の光を求める者達を、光へと引き上げて参ります。

光の地球では、私達光の子は、光へ行きつ戻りつしながらも、光の水辺に知抄と共に在り、救い主、知抄のご意思を顕現する、〈光人〉であることを、肝に銘《めい》じ、光を死守する歩み致します。

（K・M）記

②

光の地球で 溺れている感覚が 鮮明に!!

二〇一四年 五月 十日

〈地球を救う光人〉研鑽講座へ参加させて頂き、最後まで居させて頂き、本当に本当に、ありがとうございました。身も心も軽く、嬉しくて、楽しくて、感謝で一杯です。

今迄、どれ程の深い、知抄先生の愛と、自己犠牲で、サロン(2011)の、この光場に、居させて頂く恩恵を思うと、私が、〈光人〉として、確立することしかないことが判りました。今日は、深い深い深い学びを、頂いたように感じます。

光の地球で、溺れているという感覚が、

四月二十九日のセミナー開催前から、
鮮明になって来ていました。

「私のすべての闇を、光に変えて下さい」――と。

知抄の光に、この願いが届き、喜びが湧いて来るまで、光のマントに変わるまで、実践しておりました。

セミナー後は、そのような感覚さえも、もう遠い過去のようで、更なる進化へと、自らを輝かせて、共に歩む覚悟です。

今日は、美しく輝く、初摘《はつづ》みのサクランボを頂き、感謝申し上げます。

（K・Y）記

③ 智《ち》超《ちょう》法《ほう》気《き》功《こう》教室で　生命《いのち》の光を　頂く

二〇一四年　五月　十四日

今日（水曜日）は、ルネサンスの〈智超法気功〉教室です。知抄の光を、夜、六時四〇分から、一杯浴びせて頂き、身心ともに、軽やかになり、〈光そのもの〉として、再生出来ました。四月二十九日のセミナー後、光が増していることが、お教室の中に居るだけで判りました。本当に、喜びと、賛美と、感謝に満ちる、知抄の光の地球に、居させて頂けている実感があります。普段の日常生活では、自分の思考が、それを狂わせてしまっていることが、今日、お教室に居るだけで、良く判りました。本当に自分の自由意思で、決断し、光の目で、光の足で歩くしか、光の地球に、適応出来なくなっていることが判りました。

何も持たず　白紙の心で　自力救済である

という意味が、自然に理解できました。

お教室で、**生命**《いのち》の光、**知抄の光** を浴びて、身心に受けとめ、私の生命を蘇らせ、活力がどんどん湧いて来る、この恩恵は、内から込み上げてくる喜びで判ります。共に学ぶ、〈鏡〉に映る皆さんのお顔も、真っ白に変わっていました。そして、金粉がマットの上に、そこかしこで見つかると、その都度、笑い声が、あがっていました。

日常生活で、知抄の光にゆだ《委》ねて、ゆだねて、光へ行きつ、戻りつしながら、〈**光そのもの**〉になります。

（T・M）記

◇4◇ 自ら輝く

☆体験発表(1) 二〇一四年七月十三日

〈光生命体に成る〉セミナーにて

一昨年、昨年と二度にわたって、私は背骨の〈圧迫骨折〉という、〈試練の宝〉を頂きました。

その時、

「私が、光そのものである確信が、不動になるまで、何度も、試練を、頂く事になる」――

との、お言葉を賜《たまわ》りました。私の魂に刻まれたこの言葉《ことは》は、いつも私に、知抄の光を思い起こさせ、脳裏《のうり》をかすめます。骨折による影響は、私にとって、思いの外大きく、何処《どこ》が痛いという事より、七十七歳の体が従《つ》いて行けず、常に違和感があり、それに捉《とら》われてしまうのです。そういう時、この言葉《ことは》を思い出しては、即、〈智超法秘伝〉を駆使し、肉体マントを、光のマントに変えて、〈光生命体〉になると、本当に、痛みも、違和感も、消えるのでした。そして、喜びと、賛美と、感謝が、全身を満たし、穏やかな境地に変わるのでした。幸せで、何の憂いも、心配ごともないのです。それ故、体に違和感があり、軽やかでない時は、光ではない事が、すぐに判るようになりました。

今の状態が、よく判るようになりましたが、その分、頭の中に、次々と思考が巡らされ、その思考が既成概念《きせいがいねん》となって、大闇として私の身心に蔓延《はびこ》ると、すぐにまた、人間に戻ってしまいます。

〈光に成らねば〉と、一瞬思うことで、思考という闇は、即、押しよせて来て、いつの間にか、考えを巡らせば巡らすほど、また体の違和感に悩まされ続けるのでした。そして、痛みまでが容赦なく、追い打ちをかけるように増し、歩行すらも困難になることも、しばしばでした。

この様な体験を、何度も何度も、繰り返す事によって、〈魂の光〉と共に、知抄の光に全てを委《ゆだ》ねるしかない事が、やっと、本当にやっと、遅々《ちち》たる歩みの中で、確信となりました。

魂の奥に　ご降臨《こうりん》されている
救い主　知抄の光に　委《ゆだ》ねると
喜びと　賛美と　感謝に満ちる
光の領域に　同化　出来るまでになりました

人間とは　本来　光そのものです。
この〈光そのもの〉である時に、魂の奥へ奥へと、
救い主　知抄の光　暗黒の地球をお救い下さい　―

の、叫びを途切れる事なくあげ続け、知抄の光の威力を受け止め、光生命体に変身する事で、自らの肉体を照らし、痛みも消えて行くのです。

こうして、私の身心は、姿勢も良くなり、痛みも消え、快適になりました。

二〇一四年四月二十九日の、みらいホールで開催された、地球を救う　知抄の光と共に、〈光の地球に同化しよう〉セミナーを境に、知抄の光の威力の恩恵を、自らが、求めるか否《いな》かで、より鮮明に判るようになりました。

光を求めないと、今の私は、一歩も前へ進めず、立ち往生《おうじょう》し、苦しくなって、息も絶えだえになる事が、しばしば起こるようになって来ています。

これは、光の地球に住んでいるのですから、光の子は、〈光生命体〉で、なければならないことが、鮮明になっただけです。

本当に、地球存亡、人類存亡をかけて、地上にご降臨された救い主、知抄の光からの、メッセージの言葉《ことは》が、確実に今、地上に作動した証《あかし》を、提示されたと思いました。

救い主、知抄の光で統一された地球に、人類は、自らの存亡をかけて、嬉しく、楽しく過ごせる様に、自らの意思で、同化する時を迎えた……と思います。

実にシンプルな、シンプルすぎる学びですが、人間の私にとっては、険《けわ》しい道です。救い主、知抄の光と共にある知抄先生の、その至純《しじゅん》・至高《しこう》なる、全く俗世《ぞくせ》を超越《ちょうえつ》した歩みを、私達は、お手本として、共に、〈大地を受け継ぐ者〉としての、使命遂行やり遂げる覚悟が、不動のものとなりました。

これよりの歩み

〈光《こう》命《めい》体《たい》〉として

共に行かん

救い主、知抄の言葉《ことは》を、魂に刻み、

〈いざ共に行かん〉……

と、地球を救う、使命遂行の覚悟、確《しか》と受け止めることが出来ました。

（K・K）記

☆この体験は、二〇一四年七月十三日　岩間ホールで開催された、実在する　知抄の光と共に〈光生命体に成る〉セミナーで、発表された内容の抜粋です。

⑤ インスピレーションの顕現

☆体験発表⑵　二〇一四年 七月 十三日
〈光生命体に成る〉セミナーにて

二年前、智超教室に復帰し、相前後して私の日常は、はっきりと、プラスへと激変しました。振り返りますと、確かに、〈直感〉で、どんどん動けるようになったなあ、それが一番の要因かも、という気が、改めてします。

それまでの私は、典型的な〈インテリ馬鹿〉でした。考えに考えて、石橋を叩いてもまだ渡らずに、グズグズして、挙句《あげく》の果てに、後悔する、という具合に、情けないほどでした。

良い方へと激変したのは、余計な既成概念が、取れたのだと思います。〝世間的に体裁が悪い〟、〝そんなことでは将来に差し障《さわ》る〟とか、〝いい年をしてみっともない〟といった考えが、すっかり抜け落ちました。

これは心の浄化といった、綺麗事《きれいごと》ではないのです。新たに得た職に、〝世間的な希望〟が、当時は見えてこなくて、ガックリしたからでした。当時は、健康を害したこともあって、〝これも運命か仕方ない〟、といった、諦めの境地になり、余計な執着が取れたのだと思います。

思い返すと、ここからまさに、〈試練が宝に〉転換する歩みが、始まった気がします。余計なモノが取れると、代わりに、何が心に現れると、皆さんは、思われますか？　大病を患《わずら》われた方も、同じような気持ちになるのだと推察します。

私の場合、

「とにかく、将来なんて、不確かなモノよりも、今を充実して、生ききりたい」

という気持ちで一杯でした。

そして、そうなって初めて、気づくのだと思いますが、私達の身の回りには、どれ程たくさんの、〝幸せなつもり〟にさせてくれるものに、囲まれていることかです。〝世間的な幸せ〟も、悪くはないのでしょうが、当時の私は、そういう機会が、少なくなって初めて、

「本物の幸せがほしい」

と、ドンドン本音で、生きるように変わりました。

それで、頭で考えをめぐらす思考よりも、インスピレーションへと、重心を移す下地が、出来たのだと思います。

もう一つ、〈試練が宝に〉変わったことでは、職場での、半端《はんぱ》でない量の仕事を前にして、まさに、頭がパンク状態になって、代わって直感が働き出したのです。頭で考えて、計画を練れば、練るほど、気分がふさぎ込んで、思い余って私がやらねばならない仕事を、見直しました。すると、〈やるべき仕事が見えた〉のです。まさに見えたとしか、言いようがありません。その〝見えた風景〟に、近づくように集中しておりますと、自然体で、〈今を生ききる〉生き様に、切り替わりました。すると、ドンドン毎日が、楽しくなったのです。

そして私は今年　十年ぶりに
研究論文が
アメリカの学術雑誌に　載るという
幸せに恵まれました

そこに至るまでの道のりは、予想外のことばかりでした。今回の研究は、中学生でも分かるような話なのに、十九世紀前半から今日まで、誰も気づかなかった、ということで感動し、私でなきゃ誰が、という心境で取り組みました。そのワクワク感だけで、始めたのです。

一度スイッチが入ると、その気になって没頭すると、アイデアも出て来始めました。かなり無茶なスタートでしたが、頭で考えるより直感・行動へと、変わるきっかけとなりました。
研究時間が、ないだけでなく、障害は、山積みでした。特に、英文を書く機会から、遠ざかっていたこともあって、頭の方が作動しません。それでも、これも、パソコンと、インターネットが、格段に進歩したお陰で、何とかなりました。

次は　私自身の思考の闇です
研究に行き詰《づま》ると　上京して
教室で　知抄の光を浴びて　学び
光呼吸が出来ると　インスピレーションが頂ける
というのが　率直な当時の体感でした

最後は運です。いくら良い研究だ、と叫んでも、論文の判定者が認めなければ、ゼロです。私の研究は、ノルウェーのアーベルという大数学者が、大元《おおもと》なのですが、十九世紀の彼の生涯自体が、その厳しさを、象徴しています。教授職に就けず、結核で、二〇〇年前、二十七歳での早逝《そうせい》でした。その業績ですが、今日のCT、すなわちX線で、身体内部を画像化する技術の原理を、発見されておられます。そして、五次方程式以上での、解の公式が、不可能なこと、楕円関数《だえんかんすう》といった、壮大さに溢れた、すばらしい研究を残されたのでした。死後になって再発見されるまでも、年の流れに埋もれていました。

私は、それほどの研究成果はないですが、似た結末はあり得たでしょう。私の原稿を見て、判定者の評価が悪いと、「アーベルのやったことと同じで独創性なし」となって、論文は没になってもおかしくはなかったのです。

　そこで二年前、この岩間ホールで、十二月に開催された、セミナー後、人事を尽くして、天命を待つの心境で、知抄先生宛てに、論文に手紙を添えて、スタッフの方に預けました。そして暖かいお言葉を賜《たまわ》りました。

　それから判定結果を待って九ヵ月、ついに、私にも奇跡が起きました。論文の判定者が、私のアイデアと、一九六〇年代に京都大学の数学者が、発見した公式との関連を、指摘して下さったのです。予想外の展開で、私の研究もついに、日の目を見ることになりました。うれしいことに、引き続き今も、研究は、進行中です。〈今の一瞬〉を大切に、〈ヒラメキ〉によるチャンスを誠実に受け止め、真摯に対応していると、私のアイデアを理解・発展させてくれる人も現れました。

また、今年4月のセミナー後、知抄先生からの御伝言をきっかけに、後から閃《ヒラメ》きをいただきまして、二ヶ月の早さで、新たな論文原稿も仕上がりました。

今の私は、人間の頭で考え出される思考よりも、直感・ヒラメキ・インスピレーションを重視して生きています。

私の人生の流れは変わりました。ありがとうございました。

喜びと賛美と感謝だけです。

（K・T）記

☆この体験は、二〇一四年七月十三日 岩間ホールで開催された、実在する 知抄の光と共に〈光生命体に成る〉セミナーで、発表された内容の抜粋です。

☆〈光の地球〉☆

知抄の光で
統一されし　地球は
喜びと　賛美と　感謝の中を
吾等と共に
インスピレーションで　歩む

⑥ 光を死守する者は　光によって守られる

☆体験発表(3)　二〇一四年　七月　十三日

〈光生命体に成る〉セミナーにて

私は久しぶりに、東京に出掛け、帰宅し、ほっと一息ついたところでした。まるで頃合いを見ていたかのように、「無事に帰宅出来て良かったね」――と、知抄先生から、お電話を頂きました。

前日の予報によると、東京は、豪雨とのことで、私も傘を持って、六月二十四日（火）曜日、覚悟して十一時に家を出たのです。

出会う人々も街路樹も、家々の植木や花々も、それぞれが美しく輝いておりました。
渋谷駅から地下鉄に乗り、目的地の駅の階段を昇り、地上に出ると、目の前は、太陽が燦々《さんさん》と輝き、真夏の日差しに、日陰を探しながら、天を仰ぎ、知抄の光、晴天にして下さり、ありがとうございます。

お天気まで　景色まで変える　吾等が威力　――と

〈十字の光〉吾等からのメッセージ

を、思い出し、ありがとうございます。幸せです。と、感謝が、光の源へ届くまで、魂の奥へ奥へと続けておりました。

午後一時からの用事を済ませ、再び外に出ると、太陽は地上を照らし続け、遠くこんもりした樹木が、鮮やかな透明感のあるグリーン色に輝いて、目に入って来ました。

知抄の光　ありがとうございます —

この幸せを、地球全土に満たして下さい —と。

幸せを振りまき、振りまき、地下鉄の構内《こうない》へと降り、帰路につきました。

横浜駅に着くと、バス停は、雨で濡れ、足元を見ると、溝に水が溢れていました。相当強い雨が降ったのではと思いながら、バスを降りて、小雨の中を、初めて傘を、三分程使ったのです。

知抄先生にお電話を頂き、テレビをつけてビックリしました。東京も横浜も、大荒れに荒れ、雷鳴轟《とどろ》く大暴風雨だったのです。東京では、何と、局所的に、〈大量の雹《ひょう》が降り〉横浜も、東京も、一時～五時頃迄、傘もさせない程の、凄まじい落雷や、激しい風雨が続いて、外出すらも、ままならない、悪天候であったことを、知りました。

私は全く知らぬとは言え、大風雨より守られ、都心の、ど真ん中の、その渦中にいながら、全く、何の影響も受けず、闇を見ることもなく、普通に、帰宅していたのです。

見ても見えず、聞いても聞こえずで、私の頭が、Ｐａｒｔ２のご本のように、思考停止しておかしいのかと……、一瞬、負の考えがよぎりました。

私は、こんな考えられない奇跡体験を、この日、本当に頂いたのです。

光を守る者は　光によって守られる——と

知抄先生のお言葉に、ただただ、平伏すばかりでした。

そしてこの六月二十四日、同日、同刻に、千葉から所用で茨城に出かけた光の子も、同じような体験を頂いておられました。

帰宅して、

「大変だったでしょう」と、家族から言葉をかけられても、とっさに、何が大変なのか判らない程、守られて、バス停から、霧雨《きりさめ》の中を、ほんの少しの間、傘をさしただけで、いつもの様に、帰宅していたのです。

この同じ日に、神宮外苑で火曜日の〈智超教室〉が一時三〇分から三時迄ありました。終了後、スタッフのお一人が、高速を帰ったら危ないと、とっさに、別の道を選んだのです。

そこで見たものは、

雹《ひょう》が降り積もっている、それも、二、三センチ程の氷の塊の様な、真っ白の、見たこともない、積雹《せきひょう》の美しい光景に、遭遇されていたのです。すでに道路はキレイになっていて、何事もなく、無事定刻に、いつもの様に帰宅されているのです。

〈光人〉三人が、三様に、全く、何の懸念《けねん》することもなく、普通に過ごしているこの事実。もはや、理論、理屈は後で良いのです。

光の源の、地球を光と化す大計画のまっただ中に、今あることを認識出来たお方から、光の地球に、同化し、自らの〈魂の光〉を解放しましょう。光と化した地球の中で、いつまでも、このまま、溺れている訳には、行かないと思います。どうするかは、各人の自由意思です。

（K・K）記

☆この体験は、二〇一四年七月十三日 岩間ホールで開催された、実在する 知抄の光と共に〈光生命体に成る〉セミナーで、発表された内容の抜粋です。

瞑想《めいそう》ですら
光と共に在れり
動の中の静
静の中の動
吾、等、共に在る

⑦ 魂の光と　共に在る　体感

二〇一四年　七月　十三日

昨日、七月十二日土曜日は、サロン（２０１）講座に参加させて頂き、ありがとうございました。また、講座の終了後に、知抄先生から光人を通じて、お電話での御指導を頂けたことに、心より感謝申し上げます。これからは、私達が〈光命体〉として、そのお手本を示さねばならない――とのお言葉を伺《うかが》った時に、魂の奥が熱くなり、私の魂の光が、初めてお聞きした〈光命体〉の新語に、喜びの意を示されたのが判りました。

そして翌日の、七月十三日日曜日は、岩間ホールで開催された、実在する知抄の光と共に〈光生命体に成る〉セミナーに、参加させて頂き、全てが一新され、私個人だけでなく、周りも、地球も、変わったことが判りました。

今朝、目覚めると、上手く表現出来ないのですが、魂の中の実在する光が、しっかりと浮き上がり、はっきりとその存在感を、顕示され、「私はここに居ます」――と、共に在ることが判るようになりました。

セミナー後は、知抄の光の帳の中にあり、いつもと全く違う静《せい》謐《ひつ》さを感じておりますが、今も同じ状態でおります。

（S・M）記

⑧ 感謝を〈ありがとう〉――を!!

二〇一四年 七月 十三日

この度は、返金されることもなく、七月十三日、岩間ホールで開催された、実在する知抄の光と共に〈光生命体に成る〉セミナーに、参加させて頂き、ありがとうございます。

今、〈ありがとうございます〉――と、胸の奥へ、救い主、知抄の光に、感謝を、素直に申し上げることが出来ます。

本当にありがとうございます。

これからも、このように、喜びが、湧き上がって来て、実在する知抄の光に自然に、頭《こうべ》を垂れ、知抄の光にいつでも、どこに居ても、〈委《ゆだ》ねる〉ことが出来るまでに、どうかお導き下さい。

感謝を、〈ありがとう〉――を。

地球を救い、人類を救う、実在する、知抄の光の帳の中に在《あ》れば、いつでも言えるはずですが……人間とは、斯《か》くも固い既成概念の、闇の中にあって、〈魂の光〉を、閉じ込めて居るが故に、すぐに感謝も、頭を下げることも、出来なくなるのです。

今日のセミナー参加のこの嬉しさを、光の源に届くまで捧げます。本気で、光の地球に、適応出来るよう、礎の光になります。

（Y・K）記

⑨ 実在の光に巡《めぐ》り会え　最高の幸せです

二〇一四年　七月　十三日

今まで私は、地球の平和と、人類の平和を、一生懸命祈って参りました。二年程前、〈知抄の光〉を知り、〈智超教室〉に通い始め一年程になります。今日は、セミナーに参加させて頂き、ありがとうございました。人生の最後の方で、こんな素晴らしい実在の光に巡り会え、最高の幸せです。

このセミナーでは、魂の奥に降臨されている救い主〈知抄の光〉を、実在として確信出来ました。私が〈光そのもの〉になるという、自力救済が出来てこそ、地球も人類も光が増すことで、真の自由と、真の平等と、真の平和が、現実化されることを知りました。〈光生命体〉に、私達が成らねばならない、光の源の地球を光と化す大計画の意図が判って参りました。

これからは、

救い主知抄の光　暗黒の地球をお救い下さい――

と、日々、光と共に、知抄の光にお願いして、お願いして、一瞬一瞬、光をお迎えし、心へ、五感へ、細胞一つひとつへと、人間本来の姿である〈光そのもの〉に〈光生命体〉へと昇華《しょうか》出来るよう、研鑽《けんさん》して参ります。

（O・M）記

⑩
大闇《おおやみ》を克服《こくふく》した　私への　賜《たまわ》りもの
二〇一四年　七月　十三日

今日七月十三日は、午前に開催された、岩間ホールでのセミナーに参加し、午後は、アカデミー教室へ、その後は、サロン（２０１）と、幸せな一日でした。

セミナーで、舞台に立ちますと、場内が次第に明るくなり、それがどんどん拡がって、透明になって行くのがはっきりと、鮮明な、印象で残りました。このような〈光の宴〉であるセミナーが開催されると、光へと引き上げられて、光生命体を体験することで、闇が消え、地球の光が増して行くことになることが、よく判りました。

サロン（２０１）では、久しぶりに、先生とお電話で長時間、お話をさせて頂くことが出来ました。私にとりましては、これは画期的なことでした。多くの学びを瞬間で頂き、地球を救う〈光人〉としての、揺るぎない、確信となりました。そして何よりの私にとりましては、嬉しい時間でした。

〈大闇を克服した〉私への、知抄の光からの、大いなる賜りものと思い、少しは知抄先生（知抄の光）との距離が、縮まったのではないかと思います。本当に有り難うございました。

（Y・K）記

⑪ 光が ドーンと 根付きました

二〇一四年 七月 十三日

知抄の光の宴、岩間ホールでの今日のセミナー、ありがとうございました。

光がドーンと、胸の奥に根付きました。本当に、夢のような喜びに満ちた、楽しくて、嬉しい光の地球の中で、過ごさせて頂いた、一日でした。

光のリズムで、朝から、セミナー、アカデミー講座、そして、サロン（２０１）と、あっという間の一日でした。

十一・十二・十三日と、大きな光の山を、三つも超えて、地球人類、生きとし生けるもの全てを、大きく光へと、引き上げてくださり、良い方へと軌道修正して頂きました。

真の自由と、真の平等と、真の平和をもたらす、知抄の光の恩恵を受け止め、人々が幸せに暮らせるように、光の子として、地球を救う使命に、喜びと、自覚を、深めました。

地球の存亡《そんぼう》、人類の存亡は、私自身の存亡であることが、今こそ判りました。

今日の学びを身に修《おさ》め、一瞬一瞬、自らの湧き出る思考の闇を光に変えて、〈光そのもの〉になり、光を死守し、光を放ち続けて行きます。

（G・M）記

⑫ 痛《いた》めていた膝《ひざ》が 治《なお》っていました

二〇一四年 七月 十四日

七月十三日の、岩間ホールでのセミナーに、参加させて頂き、本当にありがとうございました。光の恩恵と、深い愛に、感謝を捧げます。

七月十一日の少し前から、智超法秘伝の、幸せを呼ぶ〈数え宇多〉が、力強い大合唱となって、魂の内で、こだましていました。時として、それは、驚くほど大きな声で、聞こえて来るのでした。その声に励まされ、「知抄の光、知抄の光」と、魂の光と共に、知抄の光を死守し、共に、CDに合わせて、うたっていました。

台風の影響も大阪では、風雨も殆《ほとん》どなく、警報も出ず、有り難いことでした。

そして、迎えた七月十三日、智超法秘伝〈闇を切る術《すべ》〉は、光と化した地球での生存に、絶対に必要であると思い、使いこなせるようにならねばと思いました。

多くの学びの中で、病や困難の大闇を克服された、お方のお話は、どんな試練であったとしても、それを超えていく、勇気を与えてくれました。これから、困難に遭遇《そうぐう》しても、肉体を出て、光へ行きつ、戻りつが、自力で出来れば、必ず良い方へ、良い結果へと、誘われることが確信となりました。

セミナー終了後は、キラキラと輝く大きな金粉が、場内のあちら、こちらに、出現していました。今日のこのセミナー、〈光の宴を寿《ことほ》ぎ〉、全員を、力強く、光の地球に、引き上げて下さいました。

午後からは、久しぶりに、第二日曜日（十二時五〇分から二時二〇分迄）アカデミー教室に、参加させて頂きました。

〈闇を切る術《すべ》の実践〉を、皆様と共にさせていただくと、地球全土へと光を注ぐ、スケールの大きさに、私の今迄の、ちっぽけな既成概念を、剥《は》ぎ取られた思いでした。

今までずっとずっと、知抄先生と光の子等《ら》が、光と共に地球を浄化し続けておられることに、深い感謝と感動を覚えました。今より、私も、〈地球の礎《いしずえ》の光になるぞ！〉と、新たな一歩を、喜びの中で、踏み出しました。そのせいか判りませんが、額の上あたりが、とても眩《まぶ》しくなりました。

私は、今年の春頃から、膝を痛めており、正座をすることが出来なかったのです。それが、全く問題なく、いつの間にか、正座して、平気で座っていたのです。それだけでなく、幸せを呼ぶ〈数え宇多〉を、輪になって、立ってまわっても、どこも痛くなかったのです。長らく不便に思っていた足が、本当に、本当に今日、治っていたのです。

想像すら及ばない、偉大な知抄の光の恩恵を、今回のセミナーで賜りました。

平伏し、ただただ、喜びと、賛美と、感謝を、万感《ばんかん》の思いで捧げます。ありがとうございました。

（S・A）記

13

〈光生命体に成る〉体感

二〇一四年 七月 十四日

ありがとうございます。

実在する知抄の光と共に、〈光生命体に成る〉セミナーに、参加させて頂きました。

光に満ちた場内の、客席の足元に、金粉がきらきらと光り、踏んではいけないと思うと、この思いに応えるように、沢山現出するのでした。嬉しくなって見ていると、輝きは増し、高い天井からも、光が降り注いでいるようで、まばゆい感じがしました。

開会と共に、丹田がごくん、ごくんと、動きだし、お話を伺っていると、魂が打ち震え、涙が溢《あふ》れてきました。胸の奥の、深いところで、本当の私である〈魂の光〉が、救い主、知抄の光を受け止めようと、熱き思いで呼応《こおう》しているようでした。この貴重な、新たなる学びに遭遇した幸せを、噛みしめていました。

〈光生命体〉に成ることは
こういうことなのか――と。

魂に確《しか》と、受け止めることが出来ました。傲慢《ごうまん》で、不遜《ふそん》で、未熟な私を、知抄の光の偉大な威力の恩恵で、光へと引き上げて頂いた体感でした。この体験を活かして、知抄の光に全てを委《ゆだ》ね、秘伝の実行実践を、たゆまず続けて、体得して参ります。

（I・K）記

⑭ 光の河《かわ》を 渡らねばならない!!

二〇一四年 七月 十四日

七月十一日、十二日、十三日と、この三日間、計り知れない進化を、地球人類にお与え下さり、ありがとうございました。

光と化した地球の中で、今、人間の私達が、溺《おぼ》れている事が、本当によく判りました。

人類は 光の河を 吾等と 共に

渡らねばならぬ——

この、知抄の光からのメッセージを、思い起こしました。

これからは、光の源目指し、光のみ、見て、前だけを、見て、低我の闇に、引き込まれないように、瞬間、瞬間を、光と共に、〈光そのもの〉に成って、目の前に立ちはだかる闇を照らし、光に変える歩み致します。

（N・M）記

☆ メッセージ ☆

物質界すべてに　吾等の　意図《いと》あり
されど　思考により　歪《ゆが》められ
真の姿とは　また　異なるものが
ほとんどで　ある
巷《ちまた》の予言も　同じことなり

（一九九八年 十二月 三日 受託）

⑮

秘音《ひついん》　ありがとうございます

二〇一四年　七月　十四日

セミナーに参加させて頂き、ありがとうございます。
今回も招待して下さり、ありがとうございます。
喉の秘音《ひついん》を、今日教えて下さり、ありがとうございます。
大きな声は、九十一歳の私には無理ですが、
のびのびとした秘音が、
身体中に染み入るようです。
元気です。ありがとうございます。

（G・M）記

☆　秘《ひっ》　音《いん》　☆

この秘音（特音）は、人体の脈気《みゃくき》を、浄化する為に用います。しかし、秘音の効果は、光の旅路によって、各人 各様です。

一九九八年 七月 十八日から三日間 開催された、大阪セミナー一日目に、公開していました。
この折の〈ビデオ〉を、お持ちのお方は、ぜひ、ご覧下さいますよう。

16

何かが　確実に　変わった!!

二〇一四年　七月　十五日

大きな光の山を、あっという間に二つも超え、すでに遠い過去となりました。

特に十三日のセミナーは、二時間という時間が、全く感じられない程の、光のリズムの速さで過ぎ行きました。

救い主降臨という、記念すべき七月十一日に、サロンに入室させて頂いた後、言葉で言い表わすことは出来ないのですが、何かが確実に変わったことだけは、心身共に感じで判りました。全て、目にする地上のものが、同じ方向を目指して、その目標にしっかり向かっているという、無言の、それでいて静かな、意識を強く感じます。

　またセミナー会場での、智超法気功〈秘音《ひついん》〉の時には、内に在《あ》る魂は、〈この時を待っていた〉ようで、感動と共に全身に喜びが溢《あふ》れて来ました。雄叫びをあげる程に、湧き上がる喜びと賛美。そして感謝。私自身が光と共に、二十四時間を過ごして行くだけ。本当に何もなくシンプルであることに、改めて気づかせて頂いたセミナーでした。

　地球を、そして人類を、この一両日で、大きく光へと、引き上げて下さり、この数々の恩恵に深く感謝を捧げます。

（K・Y）記

⑰ まるで　浦島太郎のような感じです

二〇一四年　七月　十六日

十三日に、開催された、セミナーでは、有難い体験をさせて頂き、ありがとうございました。

たった十分間の時間でしたが、舞台上に居りました。その場では判りませんでしたが、とんでもない高い所まで、知抄の光の威力によって、引っ張り上げて頂いたみたいです。その日、ホテルに戻ってから、気持ち良いくらい、昏々《こんこん》と眠り続けました。翌朝起きたら、全てリフレッシュさせて頂いたのが判りました。

翌日、マナマナ産経学園月曜教室にも、午後の一時三十分から三時迄、参加させて頂きました。「まるで浦島太郎のような感じです。後からその意味が判ると思う」と、皆さんに、お教室で説明しましたが、やはりその通りになりました。上京した七月十一日から、十二日、十三日と短い時間で、来る前とは別人になりました。

七月十四日の夜に帰宅し、十五日より仕事に戻りました。何の捉《とら》われもなく、心身共に軽やかで、元気に動き回れています。重ね重ね、ありがとうございました。

十月五日に、横浜のみらいホールで開催されるセミナーには、前日より上京しますので、よろしくお願い致します。

（K・T）記

⑱ 〈黒きもの〉を光に変える

二〇一四年 七月 十八日

今日は、神宮外苑フィットネス〈智超法気功《ちちょうほうきこう》〉金曜教室を、ありがとうございました。教室が本当に待ち遠しくて、駆けつけました。すでに教室内には、沢山《たくさん》の金粉が、マットの上にきらめいていました。

七月十三日のセミナー以来、身体全体が変わったというお方や、深い気付きを頂いたお方々の、沢山の実体験の喜びの声で、

いつの間にか　金粉が

目の前で　キラリと　認識できる
凄い光場《ひかりば》に　お教室が　変わりました

本当の自分である〈魂の光〉が自由に羽ばたき、暖かく胸の奥から強い光を放ち、全身を包み、身体にお出ましになられるのを、実感出来ました。

〈光生命体〉に成ると、喜びがどんどん溢《あふ》れ出て来て、これぞ、私の本来の姿、〈光そのもの〉であることが判りました。

皆が、近く親しく、なんの違和感もないのです。そして、知抄の光を受けとめ、幸せの中に居ると、地上の破壊的想念が、次々と〈黒きもの〉として、目の前に立ちはだかって来るのが判りました。即、情勢を見極めて、光を放ち、光に変わるまで、光を注ぎました。

日本列島すべて、陸・海・空へと、光を放ち続けました。

次に、福島第一原発へ、他に五十三ヵ所在る、原子力発電所へ、**〈知抄の光の吾等〉**と共に、光を注ぎ続け、あるべくして在る、良き方へと、お導き頂けるよう、**〈知抄の光〉**に、お願いし続けました。

益々《ますます》嬉しく、楽しくなり、喜びが爆発すると、なんと、**金粉**が増します。

教室が終了してからは、地球丸ごと、北極から南極まで、光を注ぎ続けて、喜びと、賛美と、感謝の中を、光と共に、帰宅しました。 知抄の光、今日も一日、ありがとうございました。

（Y・J）記

☆ 智超法秘伝の威力　サロン（201）にて
身も心も軽やかに　浮いちゃうよぅ!!

⑲

込み上げて来る　嬉しさの中に　あります

二〇一四年　七月　二十日

神宮外苑サマディ、第三日曜日の十一時から十二時二〇分迄の、研修科は、喜びの中で光をいっぱい浴びて、嬉しく、楽しく、学ばせて頂きました。

カリキュラム一つひとつに、心を開いて、有りのままの自分を光に委ねると、喜びと、賛美と、感謝に満ちる、〈光へと引き上げ〉て、頂けました。この知抄の光の恩恵に、室内の冷房も忘れ、身も心も軽やかに温かくなり、額からは汗が噴き出て来ました。

智超法秘伝、幸せを呼ぶ〈数え宇多〉が終わっても、込み上げて来る嬉しさの中にありました。すぐに人間に戻り、捉《とら》われる既成概念の闇を駆逐《くちく》し、人間を超えて〈光〉に在る、今のこの感覚を忘れないようにしていく決意を、不動のものにしたく思いました。

今朝のテレビの週刊ニュースは、七月十三日に開催されたセミナー後一週間に、日本各地で、議員の悪事が七件ほど、明らかになったことを知りました。知抄の光からのメッセージ通りに、いよいよ光の地球では、光でない者は、その者の〈本性〉が丸出しになり、誰の目にも判るように、白日の下に曝《さら》け出される……という、知抄の光からのメッセージが、本当に現実に、その通りになって参りました。知抄の光を死守してまいります。

（N・T）記

⑳ もの凄《すご》い金粉に驚愕《きょうがく》

二〇一四年 七月 二十一日

マナマナ産経学園の☆〈智超教室〉に、七月二十一日月曜日、飛び入りで、初参加させて頂きました。☆(月・水 両教室あり)

お話しには伺《うかが》っておりましたが、もの凄い量の金粉が、床に現出するのを、目の当たりにして、驚愕、以外の何ものでもありませんでした。全く、既成概念が通用しない、別世界でした。

お教室の空間自体も、黄金の光で満ち溢れ、それが生きた実在の光の証《あかし》として、絶えず、濃淡を変化させていました。座っているだけで、救い主、知抄の光の、愛と、優しさに包まれ、リラックスし、私も穏やかに、この空間に、同化させて頂きました。
また機会があったら、参加させて頂きたいと思います。
知抄の光に、喜びと、賛美と、感謝を捧げます。（W・K）記

☆カルチャーモール　マナマナ
by 産経学園にて
2014年８月20日（水曜教室）

21

知抄の光を　求める時　それは今です

二〇一四年　七月　二十六日

サロン（２０１）、第四土曜講座、ありがとうございました。喜びと、賛美と、感謝に満ちて、本当の自分である〈魂の光〉が自由に羽ばたき出て、一時間という限られた時間の中で、今の旅路に必要な実践を、御指導頂きました。

どんどん地球が光化し、炙《あぶ》り出された闇が、行き場を失って、隙《すき》あらば、私の体で感じられるまでになりました。〈光生命体〉を少しでも長く保つ為に、自らの存亡《そんぼう》をかけて、この闇を光に変えて行かなければと、肉体マントを、光のマントへ変身することを実行しています。

以前からメッセージで教えて頂いておりましたが、今、ここに来て、〈個人の存亡《そんぼう》〉が、実感できました。もっと知抄の光に〈委《ゆだ》ねる〉ことの密度を、もっと高くと思います。生命の源《みなもと》の光を頂くのですから、身も心も魂も、総《すべ》てを捧げ、全身の細胞に光が根付くよう、まず私自身が〈光命体〉へと、昇華しなければと、思いました。

いよいよ、地球存亡、人類存亡をかけて、地上に降下され在《あ》る、救い主、知抄の光の威力を、全人類が求める時が、来たと思います。

（M・A）記

22

智超法秘伝《ちちょうほうひでん》の威力

二〇一四年 七月 二十八日

サロン（２０１）では、長い時間、尊いご指導を賜《たまわ》り、ありがとうございます。

光の子は、救い主知抄の、直接のご指導を頂かなければ、今、前へ進めない旅路に来ていることを、身を持って感じました。

秘伝の一つひとつを、絶え間なく実行し、〈光そのもの〉であり続けていないと、身も心も保てないことが、ここ数日で、本当に鮮明になりました。

かつて体験したことのない、実在の知抄の光の威力の顕現《けんげん》が、即、判るまでになりました。実践するごとに、この威力は、果てしなく、無限に与えられるようで、旅路の地点で、常に、光の源から、知抄の光として賜る威力であることが、日ごと、鮮明になって参りました。実践すればする程、この先は一体どうなって行くのか、〈無限の幸せ〉の一つひとつを、地上に顕現する探求心が、実践へと誘うのです。

今迄も、人間が永遠に極めることが出来ない、数々の智超法秘伝を、惜しげもなく、私達光の子は、教えて頂いて参りました。

この微細で、至純、至高な知抄の光、〈救い主 知抄〉と一体と成って、使命を遂行する〈光命体〉確立の一瞬の体感を、賜るこの智超法秘伝の威力の前に、畏《おそ》れすら感じるのです。

（M・K）記

23

実在する光と共に 歩む

二〇一四年 八月 十五日

喜びと、賛美と、感謝の中に在ることとの大切さを、今日もまた、身を持って教えて頂きました。どのような状況においても、光の子の一人ひとりを、〈光命体《こうめいたい》〉へと引き上げて下さり、真の自由と、真の平等と、真の平和を、体現させて下さいます。

今日、夕暮れ時に、鏡に向かって見ると、肉体の輪郭《りんかく》や腕が光っていて、〈実在する光〉のお方が降りて下さっていることが、はっきりと判りました。しばらくすると、肉体がモヤのようになり、見えなくなったりもしました。一瞬、顔の中心の所に、光り輝くお姿が見えて、驚きました。

小さい頃、私は、観音様のようになりたい、と思っていたことが、過《よぎ》りました。子供心に、観音様になれば、困っている人達をお助け出来ると、思っていたのでした。

今、喜びと、賛美と、感謝の、知抄の光の帳《とばり》の中に在《あ》れば、ご使命によって、その思いが叶う所まで、光へと引き上げて頂いていることを実感し、本当に嬉しいです。

そして、もっともっと、〈光〉に感謝を捧げなければ、一歩も人間は、前に進めないことも、日々、痛感しています。

数々の恩恵に、深く感謝を捧げます。地球を救う確信を、必ずや、確かな使命として、歩んで行きます。

（K・Y）記

㉔ 人間は　光の地球で溺《おぼ》れている

二〇一四年　八月　十七日

ありがとうございます。

土曜日、〈柿生スタジオの智超教室〉で、十時一〇分から十一時三〇分迄、知抄の光を浴びる機会を、本当に有難うございます。知抄の光を浴び、高く光へと、引き上げて頂けば頂く程、私の身心は、軽やかに、嬉しく、楽しくなります。

お教室を一歩出てからは、知抄の光に委ねてゆだねて、〈委ねる〉ことで解放される、〈魂の光〉の真の自由。そして、喜び賛美の笑顔と感謝の、〈光そのもの〉としての、人間本来の姿に、変えて頂ける。

それは、すべて、三次元に住む人間の、私の決断。

地球が光と化していると言われても、何一つ、聞いても聞こえず、見ても見えずの、既成概念の、大闇の中に居た私……でした。〈インテリ馬鹿〉を通り越して、自分に言う言葉もございません。私を生かして下さる〈魂の光〉、本性の私に、平伏《ひれふ》し、謝ります。そして、自力救済による、実行実践の大切さが、今度こそ、本当に判りました。救い主、知抄の光に、ゆだね《委》ます。

二〇一四年七月十三日に開催された、岩間ホールでのセミナーに、そして、八月九日 第二土曜日、サロン（２０１）での、〈地球を救う 光人〉研鑽講座の第十八回に、久々に、受講させて頂けました恩恵に、平伏し、感謝申し上げます。

とにかく、やっとですが、目が覚めました。
肉体を持つ、人間という私では、光の地球では、次元を超え、
時空をも超えることが、出来ないことが判りました。

本当に　知抄の光に　委《ゆだ》ねるしかないこと

それによって、

喜びと　賛美と　感謝　溢《あふ》れる　瞬間を
〈光そのもの〉になり〈光生命体〉として
光の地球に　生かさせて　頂けていること

今回のセミナーで、本当に、知抄の光の威力、その実在の証《あかし》を、
私は、この三次元の肉体を、〈光生命体〉に、一瞬で、変容させ

て頂いたことで、全てが理解でき、生まれ変われました。

遅咲きの光の子ですが、今こそ、光の地球の礎《いしずえ》として、何かを確《しか》と担《にな》えるように、自身の決断で、私を救って下さる、知抄の光を、魂にお迎えし、溺れることなく、光の河《かわ》を、共に、渡りきります。

そして、進化するには、私が、肉体を持っていることに甘えず、光の源へ向かって、頭を垂れて、〈魂の光〉と共に、魂の奥へ、救い主、知抄の光へ、一歩でも、近づかせて頂きます。光の子としての自覚を、今回、瞬間で、気付かせて頂きましたこと、万感の思いを込めて、知抄先生に、すべてを捧げます。〈光命体〉に成れるよう、お導き願います。とても嬉しいです。

（Y・K）記

25

小学二年生・実在する光と共にある

二〇一四年 八月 二十日

八月十九日、火曜日の神宮サマディ智超教室（一時三〇分〜三時迄）に、夏休みで、小学二年生の（Ｋ・Ｓ）さんが、お母さんと共に、参加されていました。輪になってお話の時、ご自分が属している、サッカーの時の様子を、話して下さいました。それは、大人がお話し下さる以上の、立派な、しっかりした内容でした。一瞬で教室が、より光が増したのです。思わず、拍手したくなり、そして、楽しく、嬉しくなりました。

第二土曜日 八月九日のサロンでも、〈光人〉の私達に、知抄の光と共にある、小学二年生の（Ｋ・Ｓ）さんが、大人以上の対応を、サロン（３０１）でされ、直接、知抄先生と会話出来たことを、スタッフから、お聞きしていたのです。私も、そのような場面に出逢いたいなと、願っていました。その願いが、まさに、目の前で、自然に実現したのです。

日曜日の親子教室や、月一回参加されている、ファミリー教室で、普段、遊んでいる時の、（Ｋ・Ｓ）さんとは、全く違っていました。小学二年生のお子さんとは、全く思えない、言葉も語彙《ごい》が豊富で、堂々としたお話しぶりに、〈魂の光〉の顕現を、全員、瞠目《どうもく》の思いで、見守っていました。

人間とは　本来　光そのものです

本当に〈光そのもの〉に成られ、実在の本性の光が、ご降下され、一体となって、お話しされていることが判りました。

光の子が　放つ光に
すべてのものが　魅了される

との、メッセージの言葉《ことは》を思い出しました。

本当に、真っ白に輝くお顔で、何の捉われもなく、お話しする姿は、小学二年生とかではなく、全く、年齢を超越した、光の地球での、〈人間本来の姿そのもの〉を、見せて頂きました。

（Ｋ・Ｓ）さんの様子を拝見していて、母子の間に、魂の光で結ばれた、強い、すばらしき仲間としての、信頼関係があり、まさに、〈知の時代の到来〉をも、示された思いでした。
こんな風に、穏やかに、側に居る人を幸せにしてくれる親子って、本当にいいなと思いました。私は、七十五歳です。

（F・N）記

☆子どもは☆
地球の宝!!

智超法秘伝《ちちょうほうひでん》　幸せを呼ぶ
数《かず》え宇《う》多《た》を　うたおう!!

数《かず》え宇《う》多《た》は
何も知らなくても
どこに居ても　口ずさめば
喜びと　賛美と　感謝に満ちて
幸せになります

0《ゼロ》歳からご高齢《こうれい》の方まで
誰でも　楽しく　うたえます
数《かず》え宇多《うた》の　一つひとつを
つぶやいても　大声だしても
楽しく　嬉しく　喜びに満ちるまで
〈魂の光〉と共に　光の源《みなもと》へ
喜び　勇んで　近付きましょう

智《ち》超《ちょう》法《ほう》秘《ひ》伝《でん》

幸せを呼ぶ〈数《かず》え宇《う》多《た》〉

一　いちに　決断　Ｃｈｉ《知》－ｓｈｏ《抄》の光

二　にに　ニッコリ　喜び　賛美

三　さんで　サッサと　感謝を　捧げ

四　よんで　良い子　光の子

五　ごうで　GO！　GO！　光を放ち

六　むは　無口で　実践　感謝

七　ななは　Night《ナイト》　&　Day《デイ》も　サラサラと

八　やあは　ヤッサ　ヤッサで　Be　young
（身も心も　Be　young）

九　ここは　ここまで来ても　永遠《とわ》なる学び
（謙虚《けんきょ》　謙虚《けんきょ》で　キョン　キョン　キョン）

十　とうは　トウで成る　成る　光の地球
（スーレ　スーレ　光の源《もと》へ）

喜び　賛美　感謝　スーレ
喜び　賛美　感謝　スーレ
喜び　賛美　感謝　スーレ
スーレ　スーレ　光の源《もと》へ

☆ 智超法秘伝　幸せを呼ぶ〈数え宇多〉
2013年7月14日 アカデミー教室にて撮影

光の源よりのメッセージ

素晴らしき仲間の詩《うた》

光の古里《ふるさと》　後にして
地上目指して　幾世層《いくせいそう》
地球浄化の　礎《いしずえ》と
素晴らしき仲間　今ここに
光の剣《つるぎ》を　共に抜き
結びし誓い　熱き思い

輝く光に　全て捧げ
素晴らしき仲間　ここに集《つど》う

揺るぎなき心　蘇《よみがえ》る
平和のために　生命《いのち》注ぐ
全てを照らして　進む道
素晴らしき仲間　光の友

一九九五年 九月 十七日　受託

あとの言葉《ことは》

光を垣間《かいま》見た者　多し
されど　光の道を
歩んだ者は　皆無《かいむ》なり

地球の存亡、人類の存亡をかけて、地上に降下されている、救い主、知抄の光からのメッセージ。

どんな修行を積んだとしても、魂の光輝のその先、光の源《みなもと》への光の道を歩んだ者は、皆無である──　この言葉《ことは》を、私達、光の子等は、魂に刻み込んでありますす。

光は、一瞬の光芒《こうぼう》とも……。持続という概念はないのです。それ故、瞬間の今を、本当の私自身である〈魂の光〉が、肉体までお出まし、ご降下願い、人間本来の姿〈光そのもの〉に、変容することが先決です。光と化した地球、既に、人間は須《すべか》らく、光の河で溺れているのです。自らが自らを救う、自力救済が必要不可欠となるのです。

地球を光と化す、知抄の光の、光の子、光人《ヒカリビト》であったとしても、光の道は、ここで良いという地点はないのです。

光の源への久遠《くおん》の光の旅路が続いているのです。それは、未知なる、人間進化の、喜びと、賛美と、感謝に満ちる、知抄の光の、無限なる光の帳《とばり》、光の領域、光の創造界に在《あ》るからです。

この夏休みに、私達は、一家四人で八ケ岳に出かけました。標高二千メートル位ですが、傘をさして歩くことが出来ると言われた、絶景ポイントの岩への山路で、遭難《そうなん》しそうになったのです。本当のこれは事実です。小学生と中学生の子達に、私達は助けられ、やっと事なきを得たのでした。

純粋な子達は、知抄の光をどんどん受け止め、知抄の光と一体となって、輝いておりました。

守っているつもりでいた子達に、私達が守られ、助けられたのでした。勿論《もちろん》、知抄の光に救われたのですが……。

光を死守し、光に守られるには、まず、知抄の光に委《ゆだ》ねることが、私達大人には、出来ないのでした。

体験なくして、前へ進めないこと、本当に、身に沁《し》みました。

このPart 4は、光の地球で、今、溺《おぼ》れている人類にとって、光の河《かわ》を渡る道しるべと、なることでしょう。知抄先生ありがとうございます。そして、たま出版の皆様に感謝申し上げます。

二〇一四年 八月 二十五日
光人（ヒカリビト）記

☆このPart 4 知球暦 光五年は、
光の源の大計画 Part 1・2・3
知球暦 光元年・光三年・光四年
三冊と 併読されますよう

1994年 7月20日	宇宙意識への階梯　幸せになるために
	☆〈指帰の宇多〉出版
1995年 7月31日	宇宙からのメッセージ
〜 8月12日	〈光の落としもの N.Y.写真展〉開催
	ニューヨーク日本クラブギャラリーにて
1995年 9月23日	素晴らしき仲間の集い　開催
・24日	横浜　新都市ホールにて（金粉降る）
1995年12月 1日	〈 Salon de Lumière 〉
	サロン・ド・ルミエール　オープン
	地球を救う〈礎の光〉養成始まる
1996年 2月10日	救い主の御魂であることの
	告知を受託　（宇佐市・大許山にて）
1996年 7月11日	救い主　知抄の光の降臨
1997年 3月21日	地球を救う〈実在する光〉写真展
〜 3月31日	銀座4丁目角　日産銀座ギャラリー
1998年 3月20日	地球を救う〈知抄の光〉写真展
〜 4月 5日	銀座4丁目角　日産銀座ギャラリー
1998年 3月20日	智超法秘伝 第一巻　高級内丹静功法の最奥義
	宇宙の叡智が証す21世紀へのパスポート
	☆〈新気功瞑想法〉出　版
1998年 3月20日	智超法秘伝 第二巻　究極の天目開眼
	気功瞑想法上級編収録
	☆〈新智超法気功〉出　版

≪ 知抄　光の足蹟《そくせき》 ≫

1989年　万里の長城にて、啓示を受ける

1990年　智超法秘伝と知抄の名称を受託

1990年10月　〈 智超法気功 〉教室開講

1990年11月　智超法秘伝　第一巻 気で悟る
☆〈 気 功 瞑 想 法 〉出　版

1990年11月　天目開眼功法　智超法秘伝　初公開
グラスゴー市、ロイヤルコンサート
ホールに於いて（イギリス）　（光になる）

1991年 5月　智超法秘伝　公開表演
ソルトレイク市　キャピタルシアター
に於いて　（アメリカ）　（光になる）

1991年11月　智超法秘伝　公開表演
ボルドー市　アンドレ・マルロー
劇場に於いて　（フランス）　（光になる）

1992年 3月　智超法秘伝　本邦　初表演
丸の内、日本工業倶楽部に於いて
（光になる）

1992年10月　智超法秘伝　第二巻 気功瞑想法上級編収録
☆〈 智 超 法 気 功 〉出　版

1993年 3月　智超法秘伝　公開表演
丸の内、日本工業倶楽部に於いて
（光になる）

2011年 7月11日　　光の源の大計画 Part 1
☆〈知球暦 光元年〉出版

2011年 9月18日　　地球を救う〈知抄の光〉写真展
～ 9月25日　　日産ギャラリー　サッポロ銀座ビル9階

2012年10月10日　　知抄の光で統一成る
知球暦 光三年を迎える

2012年11月20日　　光の源の大計画 Part 2
知球暦 光三年 出版
☆〈人類の思考が停止する日〉

2013年11月 5日　　光の源の大計画 Part 3
知球暦 光四年 知の時代の到来 出版
☆〈新人類の生誕〉

2013年12月23日　　実在する知抄の光と共に
〈光に成ろう〉セミナー 開催

2014年 4月29日　　地球を救う 知抄の光と共に セミナー
〈光の地球に同化しよう〉開催

2014年 7月13日　　実在する知抄の光と共に
〈光生命体に成る〉セミナー 開催

2014年11月 5日　　光の源の大計画 Part 4
知球暦 光五年 出版
☆〈地球人類は光命体になる〉

～～～～～～～～～～～～～

連絡先：　〒220-8691　横浜中央郵便局 私書箱145号
智超教室　宛
☆ URL： http://www.chi-sho.com/

1998年 3月20日　智超法秘伝 第三巻　実在する光と共に
気功瞑想法超能力・アデプト編
☆ 地球を救う〈 知抄の光 〉出　版

1999年 2月10日　智超法秘伝 第四巻　永遠なる光の道
肉体マントを光のマントへ
☆ 地球を救う〈 実在する光 〉出　版

1999年 2月25日　智超法秘伝 第五巻
キリスト意識への階梯 純粋・透明な光
☆ 地球を救う〈 光 の 子 〉出　版

1999年 3月20日　地球を救う〈 光のいとし子 〉写真展
～ 4月 4日　銀座4丁目角　日産銀座ギャラリー

1999年 3月25日　智超法秘伝 第六巻 妖精と光人の威力
☆ 地球を救う〈 光のいとし子 〉出版

1999年 3月25日　智超法秘伝 第七巻 地球浄化の礎の光
☆ 〈 地上に降りた救い主 〉出版

2001年 4月22日　地 球 は 光 と 化 す
人類の思考が停止し始める

2010年10月10日　地 球 は 知 抄 の 光 で 統 一
知 球 暦　紀 元 光 元 年

2010年10月10日　祝　智 超 教 室　20周 年
すばらしき仲間の集い　開 催
みらいホール（横浜 みなとみらい）にて

2010年10月11日　20周年記念セミナー　開　催
地球を救う〈 知 抄 の 光 と 共 に 〉
みらいホール（横浜 みなとみらい）にて

光の源の大計画 Part 4
知球暦　光五年
地球人類は光命体になる

2014年11月５日　初版第１刷発行
2015年２月１日　初版第６刷発行

著　者／知　抄
発行者／韮澤 潤一郎
発行所／株式会社たま出版
〒160-0004 東京都新宿区四谷 4-28-20
☎03-5369-3051（代表）
http://tamabook.com
振替　00130-5-94804
印刷所　株式会社エーヴィスシステムズ

ISBN978-4-8127-0374-8 C0011